ヤスパースと
キリスト教

二〇世紀ドイツ語圏のプロテスタント思想史において

岡田 聡

SATOSHI OKADA

新教出版社

両親に捧げるお約束を果たして

目次

凡例

・引用文中の傍点は岡田による。
・引用文中の……と［　］は岡田による省略と補足である。
・聖書からの引用は原則的に新共同訳に拠った。
・ヤスパースの著作の略号は巻末に、シュヴァイツァー、ブーリの著作の略号は第五章末尾に、ヴースト、ボルノウの著作の略号は補章の末尾に、それぞれ置いた。
・従来、「超越者」、「包括者」と訳されてきた „Transzendenz"、„das Umgreifende" には、「超在」、「包在」という訳語をあてた。

はじめに――目的、方法、展望

本書は、著者の博士論文「精神医学から哲学へいたるヤスパースの思索全体と根本態度」（二〇一四年、早稲田大学）にもとづきつつ、精神医学に関する部分を切り離して、ヤスパースとキリスト教にかかわる部分に加筆、修正したものである。

二〇世紀ドイツ哲学の高峰たるカール・ヤスパース（一八八三―一九六九）。ナチズム時代前のそのヤスパースの著作は、宗教一般への批判を含んでいるものの、キリスト教への直接的な批判は見られない。ヤスパース研究者にとっても意外な事実であるが、一九三二年の『哲学』において、「キリスト教」という語は二回しか用いられていない。それに対してナチズム時代後のヤスパースは、キリスト教を名指しで批判するようになる。このようにヤスパースは、キリスト教に対して、明らかに態度を変えた。

しかし従来の研究は、そうしたヤスパースの態度の変化について、ほとんど言及してこなかった。ヤスパースとキリスト教の関係についての考察が、もっぱらヤスパースのキリスト教批判という観点からなされてきたことが、その大きな原因であろう。

しかしヤスパースのキリスト教への関係には、単なる批判に留まらないものがある。まず、①ヤスパース哲学の生成と展開はキリスト教に影響を受けている。上記の『哲学』においてさえ、ほとんど無自覚的にキリスト教的な概念が用いられている。そしてそれによって、②ヤスパース哲学はキリスト教にも一定の影響を与えている。ヤスパースのキリスト教批判の背後に隠れている両者の相互的な影響関係が明らかにされなければならない。例えばシュスラーは、ヤスパースの著作においては哲学の新たな用語法によってキリスト教の様々な財産が活性化されている、と書いている。[1]

以下では本書について、(1)目的、(2)方法、(3)展望という三つの観点から述べる。

(1)目的：従来の研究においてはヤスパースとキリスト教の関係については、前者の後者に対する否定的、批判的な態度のみが取り上げられてきた。それに対して本書は、①ヤスパース哲学の生成と展開がキリスト教に受けた影響と、②ヤスパース哲学がキリスト教に与えた影響について考察し、ヤスパースとキリスト教の相互的な影響関係を明らかにする。

(2)方法：ヤスパースを「二〇世紀ドイツ語圏のプロテスタント思想史」に位置づける。上記の目的①ヤスパース哲学の生成と展開がキリスト教に受けた影響については、ヤスパース哲学の生成と展開をナチズム時代前、ナチズム時代、ナチズム時代後という三つの時期に区分し、考察する。また、上記の目的②ヤスパース哲学がキリスト教に与えた影響については、ブルトマン、ブーリ、ティリッヒ、ハインリヒとカールのバルト兄弟、ヴーストらに注目し、考察する。

（3）展望：哲学の世界においてヤスパースは、例えばハイデガーと比べたばあい、あまり注目されていないと言える。従来の研究ではヤスパースが「実存哲学」という狭い枠組みから論じられることが多かったことがその一因であろう。それに対して本書によって、ヤスパースを「二〇世紀ドイツ語圏のプロテスタント思想史」という広いコンテクストに置くことで、新たな研究の地平を開いていきたい。また今後、キリスト教研究との相互的発展が期待できる。

以下、簡単に本書の構成を述べる。

第一部の「ヤスパース〈と〉プロテスタンティズム」において、ヤスパースをプロテスタントと規定することを試みたい。第一章で、ヤスパースと二〇世紀ドイツ語圏のプロテスタントの思想家との同時代的な共通性を明らかにする。第二章で、そうした同時代的な共通性に尽きない、ヤスパース〈の〉プロテスタンティズムを見ていく。第三章で、ヤスパースとルターの思想的な類似性を炙りだす。

以上第一部で、ヤスパースとプロテスタンティズムの「近さ」を示した上で、第二部で、ヤスパースと、おもに二〇世紀のドイツ語圏のプロテスタントの思想家たちをいわば対決させて、その近さの中に決定的な「遠さ」を見いだす。

「おわりに」で、そうした近さの中の遠さをより明確にする。

本書が日本のヤスパース研究に──そして願わくはキリスト教研究に──わずかなりとも寄与できれば幸いである。

第一部　ヤスパース〈と〉プロテスタンティズム

第1章　プロテスタントの思想家との同時代的共通性

一九六三年、ピーパー社から、人文・社会・自然科学の各分野の第一線で活躍する論者たちによる論集、『現代の希望』[2]が出版された。その中に、ヤスパースが「希望の力」と題する論文を寄稿している（以下、希望論文と呼ぶ[3]）。

希望論文は、一面では、現代イスラエルの問題点を指摘するものであり、それゆえ、政治論文と見なすことができるものである。しかし、他面では、ヤスパースの哲学が彼の他の著作では殆ど論じられていない希望という観点から語られたものとして、彼の哲学の理解にとっても欠かせないものである。それにもかかわらず、内容の読み取り難さのゆえか、従来のヤスパース研究ではまったく注目されてこなかった。

本章ではヤスパースの希望論と、「第一次世界大戦以降キリスト教神学の基調となって来た」[4]と言われる「終末論」をてがかりとしながら、ヤスパースと二〇世紀ドイツ語圏のプロテスタントの思想家との同時代的な共通性を明らかにする。

1　希望論

ヤスパースは、希望論文において、希望の様々な形態を挙げている。ここではその中から彼が批判的に論じている希望、すなわち、「彼岸や別の第二の世界、具象的な性格を持つ永遠の世界での浄福なる不死への希望」（KH 17）を取り上げ、その批判の論点に注目したい。

ヤスパースは、こうした希望を拠り所とした者として、ユダヤ教やキリスト教の――例えば第二マカバイ記の――「殉教者」（ibid.）を挙げる。こうした殉教者は、「直接彼岸へと至り永遠の浄福に与るという信仰の確信の力から行為した」（KH 18）。すなわち彼らは「時間的な世界の彼岸を目標とした」（ibid.）のである。

ここにヤスパースの批判がなされる。なぜならばこうした殉教者が拠り所とした希望は、永遠的なものを得るために「時間的な世界の彼岸を目標とした」にもかかわらず、実際には、永遠的なものを時間的なものへと変えてしまったからである。すなわち「永遠的なものを時間の中へと引き込み」（ibid.）、それを「時間的な持続」（ibid.）へと変えてしまったのである。

ヤスパースによれば、こうした事態は永遠的なものの偶像化であり、逆から見れば、「世界の二重化」（III 9）である。ここでは、「此岸の世界にも存在する物事が彼岸の世界へと移されて、拡大縮小され、組み合わされた」（ibid.）だけにすぎない。つまり、永遠的なものが、それ自体として経験されたのではなく、時間が拡大されたものとしてイメージされただけにすぎない。この批判の意味しているところは、時間的存在者である私たちが永遠的なものを考えようとするときには、時間的なものから取り出された素材によってイメージするしかないということである。ヤスパースはこうした永遠的なものの偶像化を批判するのである。

それゆえにヤスパースは、「希望は、時間と結びつけられ時間を超えることができないので、時間の中でその実を示さなければならない」（KH 18）と言う。つまり希望を、殉教者が拠り所とした希望とは違って「時間的な世界の彼岸を目標とするもの」としてではなく、「時間の中での生の要素」（ibid.）として捉え直す。

ヤスパースは「パンドラの箱」の神話を引き合いに出して「希望の二義性」（KH 11）について述べている。希望は、一面では、将来何か良いことが起こるのではないかという期待でありながら、他面では、将来何か良くないことが起こるのではないかという恐れとも結びついている。時間の中での生の要素として、「希望と恐れは同じように現存に属している」（KH 19）。

希望論文の中では言及されていないが、こうした事態はヤスパースが言う「限界状況」にほかならない。

ヤスパースによると、私たちの時間の中での生は「状況内存在」（II 203）である。それはつまり、私たちは「ある他の状況に入ることがなければ、けっして［今の］状況から出ることはできない」（ibid.）ということである。そして、状況には変化するもののほかに、けっして変化しないものがあるが、こうしたけっして変化しない状況が特に「限界状況」と呼ばれる。ヤスパースは『実存照明』の中で限界状況の三つの様態を挙げているが、そのうち最も基礎的なものは「現存の二律背反的構造」（II 249）である。ヤスパースでは、「現存《ダーザイン》」とは時間空間の中に在るもの、あるいはその在り方を意味する語であり、こうした現存の二律背反的構造とは、「私たちにとって肯定的なすべてのものがそれに属している否定的なものと結びついていること」（III 220）である。「善は悪に、真は偽に、生は死に、人間の深みは病的なものに結びついている」（III 221）。つまり、現存はそれ自体のうちにそれ自体を否定するものを含み、それを一言で表現すれば、「あらゆる現存の疑わしさ」（II 249）である。それゆえ時間の中での生の要素としての希望は、それに属している否定的なものとしての恐れを含んでいるのである。

時間の中での生には、将来何が起こるか分からないという「不確かさ」（KH 19）が残り続ける。時間の中での生の要素としての希望は、それゆえ、将来に関する確かさであることができない。このことからしてヤスパースは希望を、希望と恐れの二律背反的構造に耐え抜く力として、さらには一般的に「時間の中で私たちに定められている浮遊に耐え抜く力」（KH 20）として、捉え直す。ヤスパースは、現存の二律背反的構造の中での希望に対して、この構造を越えるメタレベルでの希望を提示するわけである。換言するならばヤスパースにとって希望とは、先述した「時間的な世界の彼岸を目標とするもの」でも、さらには「この世界の中での将来への希望」（KH 16）でもなく、「今ここで」（KH 22）の意味での現在へと向けられるものなのである。すなわちヤスパースによれば、私たちは「今ここで」現存の二律背反的構造の中に立っているが、希望とは、その「現在」に耐え抜く力なのである。

2　終末論

それゆえにヤスパースは、「希望とは、私たちが時間の上へ制限されながら時間の中で生きるために拠り所とする最後の力である」（KH 21）と言う。しかし彼は同時に次のように問うている。「私たちは完全に時間の中に縛られているのだろうか。私たちは希望と恐れを踏み越えるのだろうか」（KH 20）。

ヤスパースによれば、私たちは「現存」としては時間空間の中に在るが、同時に「実存」としては、時間空間を越えて超越的なものへと関係している。私たちは、一面では時間空間の中に在りながら、他面ではそれを越えている。それゆえにヤスパースは、私たちはこうした「現存の中での実存」（III 117）として、「時間を超えながら時間の中で生きること「が可能である」」（KH 21）と言う。「私たちは、時間が存在しないゆえに恐れも希望もないところに根拠づけられて、時間の中でこの生を送ることができる」（KH 20）。

ただし、ヤスパースによれば、この「時間が存在しないゆえに恐れも希望もないところ」とは、「時間的な世界の彼岸」でも「この世界の中での将来」でもない。それは、「今ここで私たちに許されうるもの」（KH 22）としての「過去もなく将来もない永遠の現在」（ibid.）である。この「永遠の現在」とは、永遠的なものが、それ自体としてではなく、「時間と永遠との統一」（II 126）として「今ここで」現象することである。それは、端的に言えば、永遠的なものが時間の中へと突入することである。ヤスパースの主張によれば、永遠的なものは、時間に縛られている私たちにとっては、時間の内部でのみ経験されうるものであり、現在を生きる私たちにとっては、現在の内部でのみ経験されうるものである。

希望が「時間の中で私たちに定められている浮遊に耐え抜く力」でありうるのは、この希望を持つ私たちが、そうした「時間が存在しないゆえに恐れも希望もないところ」としての「永遠の現在」の経験に根拠づけられうるからにほかならない。私たちは、なるほど、永遠の現在を経験し続けることはできないであろう。しかしながら、現在のただ中に永遠的なものを経験する可能性を持っているということによって、現在に耐え抜く力を得ることができるのである。

先に述べたように、私たちは、「今ここで」現存の二律背反的構造の中に立っており、希望とは、その「現在」に耐え抜く力である。ヤスパースの希望論の骨子は、そうした希望が根拠づけられうるところが、希望が耐え抜く現在の外部にではなく、その現在の内部にあることを示す点にある。つまり、その場所が、「時間的な世界の彼岸」でも「この世界の中での将来」でもなく、「永遠の現在」であることを示す点にある。ヤスパースによれば、希望は、現在のただ中に永遠的なものを経験することができるのであり、換言すれば、現在のただ中からその現在に耐え抜く力を得ることができるのである。希望は、このように理解されてはじめて、真に現在に身を置きながらその現在に耐え抜くことができるものとなる。

＊

ところで、こうしたヤスパースの希望論は、どのように歴史的に位置づけることができるのであろうか。ヤスパースの希望論は、どのような歴史的状況の中で生まれたものであろうか。彼の哲学の理解のためにも、そのことを考察しておく必要があるだろう。

希望論文は一九六三年に公にされたものであるが、それの中心概念である「永遠の現在」という考え方自体は、一九三一年に出版された『哲学』の中で既に展開されている。ヤスパースにかぎらず、二〇世紀前半には「永遠の現在」という考え方がしばしば提示された。このことは、バルト、ティリッヒ、ブルトマンなどの、キリスト教神学者たちに顕著である。それは、「永遠の現在」という考え方が「終末論」との関係の中で論じられたからである。

先に引用したように、佐藤は、終末論は「第一次世界大戦以降キリスト教神学の基調となって来た」と言う。それは、大木によれば、第一次世界大戦が「文明のオプティミスティックな進化発展の歴史の終末を意味するような断絶であった」(5)からである。すなわち第一次世界大戦を経験した人々には、歴史が終わり、終末が到来すると感じられたのである(6)。

終末論はこうした時代背景のもとで、終末を、黙示文学に見られるような将来の出来事としてではなく、「今ここで」の意味での現在の出来事として捉えることになる。こうした終末論は、「黙示文学的未来終末論」[7]に対して、「現在終末論」[8]と呼ばれるものになる。

終末論は一般的には「永遠的なものが時間の中へと突入する」[9]と考えるが、現在終末論は特にその時が、時間の延長の将来にではなく、現在のただ中に起こりうるとする。[10]現在がそのつど終末でありうるとする。こうして「永遠の現在」という考え方が提示されることになるのである。

ここでは、「徹底的に終末論ではないようなキリスト教は徹底的にキリストとは何の関係もない」[11]と主張するカール・バルトの現在終末論を概観したい。バルトは『ローマ書』第二版序文において、次のように述べている。「もし私が「体系」を持っているとすれば、それは私が、キルケゴールが時間と永遠との「無限の質的差異」と呼んだものの否定的意味ならびに肯定的意味をあくまで固守したということである」[12]。バルトの現在終末論は、時間と永遠との質的差異の論理である。

時間の無際限の量的延長は、永遠には到達できない。なぜならば、過去→現在→将来と経過する「線」としての時間は、永遠とは質的に異なるものだからである。これが、時間と永遠との質的差異の否定的意味と言われるものである。こうした永遠の理解の仕方は、先に述べたヤスパースによる永遠的なものの偶像化の批判の論点と通底するものであると言えるであろう。

バルトは他方では、ローマ書一三章一一節「あなたがたが眠りから覚めるべき時が既に来ています」を解釈して、次のように述べている。「永遠の瞬間はすべての瞬間に対して比類の無いものとして立っている。……絶対的な瞬間の認識はある相対的な瞬間の中でなされ、永遠への帰還はある瞬間の中でなされるほかない。この瞬間は、この時間は、「眠りから覚めるべき時」である」[13]。つまり、時間の中で生きる私たちがその時間と質的に異なる永遠に関係するならば、それは、時間の無際限の量的延長の果てでではなく、「眠りからさめるということに似た質的転換」[14]の中でのみ可能である。換言すれば、時間の中で生きる私たちは、「信仰的主体性の緊張した転回」[15]の中でのみ永遠を経験することができる。ここに、時間と永遠との無限の質的差異の肯定的意味が見られる。バルトは、イエス・キリストの十字架と復活の出来事を主体的に——キルケゴール的に言えば「同時的に」——引き受けることによって自己の在り方を主体的に決断する「点」としての現在と結びつけて、永遠が時間の中へと突入する終末を捉える。すなわちバルトによれば、私たちには、こうした実存的決断を下す現在のただ中で永遠を経験する可能性があるのである。

＊

こうした終末の把握の仕方は、先述したように、ティリッヒ[16]、ブルトマン[17]などにも共通する。そしてそれは、一九五七年の『哲学的自伝』の中で、「一九一四年の戦争の勃発とともに歴史の地盤が震動しました。長い間確実であると思われていたもののすべてが一挙に脅かされたのです」（PA 66）と述懐するヤスパースにも見られるものである。ヤスパースは、狭義の終末論を提示することはなかったが、『哲学』の第三巻、『形而上学』の中で、ある種の終末論としての時間論を展開している。以上の議論を踏まえながら、ヤスパースの時間論を概観したい。

ヤスパースによれば、「私の在り方の決断と成就」（III 208）には、過去を引き受ける「想起」（III 207）と、将来へ向かう「予期」（III 209）とが求められる。端的に言えば、私たちは、過去を引き受け、将来へ向けて、自己の在り方を決断しなければならない。そして、「決断の場所としての時間は、私が投げ返されて本来的となる現在である」（III 211）。自己の在り方の決断が下される場が現在である。すなわち、過去の想起と、将来の予期とが、現在の決断の中で「統一」（III 210）されるのである。

ヤスパースは、過去の想起と将来の予期とが「孤立化」（III 211）されてはならないと言う。「想起されるものは、予期の中で再び獲得されうる可能性として、現在的である」（III 207）。想起は、将来へ向かう予期と結びつくことによってのみ、決断の一契機である。また、「予期の中で把握されるものも、想起されたものとしてのみ、充実されている」（ibid.）。予期は、過去を引き受ける想起と結びつくことによってのみ、決断の一契機である。いわば、想起は予期によって担われ、予期は想起によって担われる。想起と予期とは互いに担い合っている。そして、「現在的なものの中では、これからやって来るものは、既に存在するものである」（III 210）。すなわち、過去の想起と将来の予期とが互いに担い合う場が現在の決断なのであり、過去と将来とが現在によって担われるのである。

　現在は、過去→現在→将来と経過する「線」としての時間の一契機であるだけではない。ヤスパースによれば、「実存は、時間そのものを最も決定的に把握することによってのみ、時間を克服することができる」（III 211）。つまり、私たちは、過去を引き受け将来へ向けて現在のただ中で自己の在り方を実存的に決断するという質的転換の中で、「去来する無際限の流れ」（III 209）としての時間を克服することができる。このとき、「現在は、もはやたんなる現在のままではなく、……永遠の現在となる」（III 207）。現在は、もはや過去→現在→将来と流れる線としての時間の一契機ではなく、実存的決断が下される「点」としての現在として、「立ち止まる今」（III 211）となる。すなわち、ヤスパースがしばしばランケの言葉として引用する表現を借りるならば、「各々の時代は神へ直接している」（II 129）のであり、私たちは現在のただ中に永遠的なものを経験するのである。ヤスパースはそれを「［超在の］現在ただ中での現前 gegenwärtigste Gegenwart」（III 167）と表現している。

　このように、永遠的なものが時間の中へと突入する永遠の現在とは、永遠的なものが現在ただ中での決断の中で開示されることである。ヤスパースはこうした事態を「自由と必然との統一」（II 195）をめぐる議論の中でより具体的に明らかにしている。例えば私たちが自由で実存的な決断を下すとき、その決断がたんなる恣意的で一時的な決断ではなく、あたかも超越的なものに根拠づけられている必然的で永遠的な決断であるかのように感じられることがある。[18] ヤスパースはこのことを、例えば「自由が贈り与えられる」（vgl. Ei 43）という言い方で、あるいは次のように表現している。「［実存的］自由は、選択の恣意の中にあるのではなく、「私はせざるをえない ich muß」という意味で「私は欲す ich will」と表現される必然の中にある」（II 186 ff.）。ヤスパースによれば実存的自由とは「実存的不可避 Müssen」（II 185）なのである。そして、こうした自由と必然との統一が、他面では、一時的なものと永遠的なものとの統一として、時間と永遠との統一である。こうしてヤスパースは永遠的なものが現在ただ中での決断の中で開示されると考えるのである。

このように、ヤスパースの時間論の特徴は、現在が決定的な意味を持ち、現在から過去と将来とを捉える点にある。ヤスパースの時間論は、「終末」という語を用いることはないが、永遠的なものが時間の中へと突入する時が現在のただ中に起こりうると考える点で、現在終末論的な思想である。「永遠の現在」を中心概念とするヤスパースの希望論は、それゆえ、「第一次世界大戦以降キリスト教神学の基調となって来た」現在終末論と軌を一にして生まれ、それ自体、現在終末論的な思想であると考えられるのである。こうしてヤスパースが捉え直す希望は、通常の希望とは異なって「将来をあてにすること」[19]ではなく、「今ここで」の意味での現在へと向けられるものとなると考えられるのである。

3　Gelassenheit

希望は、永遠の現在の経験に根拠づけられうることによって、二律背反の現在に耐え抜く力となる。前節ではそのうち「永遠の現在の経験に根拠づけられうること」について述べたが、本節では、実際にそうした永遠の現在の経験に根拠づけられて「二律背反の現在に耐え抜くこと」、つまり「時間を超えながら時間の中で生きること」をめぐって考察したい。

こうした在り方について、ヤスパースは希望論文の中では多くを語っていない。ただ一言、「永遠的なものが対象的ではない確信として現在的となり、そこからして私たちは希望と恐れの嵐の中でなお「何が起ころうと構わない」と言うことができる」（KH 20）と述べているだけである。

ただし、ヤスパースは、こうした在り方の体現者としてスピノザの名を挙げている。そこで、『偉大な哲学者たち』の中のスピノザ論（GP 752-897）をてがかりとしよう。

ヤスパースは、『エチカ』第四部定理四七備考を引用して、次のように述べている。「哲学は「私たちが運命の摂理や手中にないものに対してどのように振る舞わなければならないかを教える」」（GP 823）。そしてその振る舞い方を一言で、「諦念 Gleichmut をもって耐えること」（GP 824）と表現している。ヤスパースはこの諦念を「放念 Gelassenheit」（GP 822）とも言い換えているが、この語で示されている態度は、「存在するすべてのものは神の必然から生じる」（GP 809）という気づきから結果する「存在するすべてのものの肯定」（ibid.）であり、ニーチェ的に言えば「運命愛」（GP 886）であるとしている。ここで注目するべきことは、ヤスパースが、スピノザの「根本態度」（GP 823）を「放念」であるとし、そしてそれを「神話的な言い方」（II 1）では「神」、ヤスパースの術語で言えば「超在」との関係の中で可能なものであるとすることである。

ヤスパースは、「一七歳の時、私はスピノザを読みました。スピノザは私の哲学者となったのです」（PA 10）と述懐している。ヤスパースにとって、スピノザとは「翼を与えてくれた最初の哲学者」（PA 125）であり、その後の彼を方向づけた人物であった[20]。事実ヤスパースは「限界状況は最終的には放念の中にその平安を見いだす」（II 291）と述べている。この「放念 Gelassenheit」とは、「自己を超在に委ねきっていること Sich-Transzendenz-gelassen-sein」と理解できる。Gelassenheit は形容詞 gelassen と接尾辞 heit とからなる。gelassen は中高ドイツ語 gelâzen に由来し[21]、gelâzen は「神に帰依した sichgottergeben」を意味する。それゆえ放念 Gelassenheit とは、「自らを神に委ねきっていること Sich-Gott-gelassen-sein」と理解できるのである。すなわちこうした超在との関係の中で可能である放念は、スピノザにとってだけではなく、ヤスパースにとっても根本態度であったと考えることができるのである。

こうした放念という根本態度に照らしてはじめて「時間を超えながら時間の中で生きるこ

と」について理解することができる。私たちは、なるほど、現存の中の実存として、時間の中での生の要素としての希望と恐れから逃れることができない。ヤスパースは、しかし、永遠の現在の経験に根拠づけられて自己を超在に委ねきっている放念の中で、そうした希望と恐れをそのまま受け入れる可能性を示す。ヤスパースが「放念とは高みから離れて生きる中での護りである」（II 291）と言っているように、あるいは「神を信頼しながら神を離れる」（KH 22）と書いているように、永遠の現在の経験が往相面であるとするならば、そうした放念とは、そこからの還相面であり、「時間を超えながら時間の中で生きること」であると考えることができるであろう。

「諦念をもって耐えること」とはいわば、自己を超在に委ねきっている放念の中での「どちらでも構わない」ことであり、こうした「放念 Gelassenheit」の中で私たちは、「単なる平穏」と「単なる不穏」（III 232）を超えて、それらをそのまま受け入れる「静寂 Gelassenheit」（III 235）を得ることができる。[22]「希望と恐れの嵐の中でなお「何が起ころうと構わない」と言うことができる」とは、そうした在り方にほかならない。そして、ヤスパースの哲学の根本命題である「神が存在すること、それで十分である」[23]（KH 15）とは、そうした在り方を表現するものであると言えるのである。

第2章　ヤスパース〈の〉プロテスタンティズム

しばしば、ヤスパースに転回があったか否かが問われる。ヤスパースは、一九三五年の『理性と実存』の中で初めて、「実存」と並び立てて、「理性」を術語として用いた。また、一九五〇年の『現代における理性と反理性』では、今や自らの哲学を、「実存の哲学」ではなく、「理性の哲学」と呼びたいと述べている（vgl. VuW 50）。こうした事情から、ヤスパースに転回があったか否かが問われる場合、特に、実存から理性への転回が問題とされる。

しかし、本章はこの転回について論じるものではない。むしろ、ヤスパースの従来注目されてこなかった転回に光を当てる。それは、聖書をめぐる転回であり、換言すれば、聖書に対する否定的な、あるいは無関心な態度から、聖書に対する肯定的な、あるいはその中に積極的な意義を見いだそうとする態度への転回である。いま仮に、これを「聖書的転回」と呼ぶ。

本章は、自伝的言及と当時の時代背景を参照し、聖書的転回の事実と内実を明らかにしながら、ヤスパースとキリスト教の関係を見る。このことによって、これまで対立的に捉えられてきた両者の関係の中に、ある種の同根性を見いだす(24)。前章では、二〇世紀ドイツ語圏のプロテスタントの思想家との――主にナチズム時代前の――同時代的な共通性を明らかにしたのに続いて、ここでは、ナチズム時代におけるキリスト教への接近を確認することになる。

1　聖書宗教

ヤスパース研究者にとっては意外な事実であろうが、一九三一年に出版された『哲学』では「キリスト教 Christentum」という語は二度しか用いられていない（I 182, II 402）。この文献的事実に現れているように、一九三一年の時点では、ヤスパースがキリスト教に対して持っていた態度は、否定的な、あるいは無関心なものであった。

例えばヤスパースが『哲学的自伝』の中で述懐しているところによれば（vgl. PA 112 f.）、彼は「教会の世界を無視していた」両親の下で育ち、自らも「少年時代には教会の説く宗教に殆ど関わらず」、「ギムナジウムの最上級生の時には誠実であるために教会から脱退すべきではないかと思いついた」という。また精神医学から哲学へ転じた後、一九二七／二八年冬学期の講義「形而上学（その歴史と今日的運命）」に際してさえ、聴講者であったひとりのカトリックの司祭から、「あなたが講義した大部分は私たちの解釈からすれば神学です」と指摘され、驚いたほどである(25)。

しかし第二次大戦後には、ヤスパースは「哲学的信仰」を定式化し、この哲学的信仰論の中で、一面ではキリスト教と対決しながら、他面ではその中に積極的な意義を見いだそうとする。例えば一九四六年の「聖書宗教について」（以下、聖書論文）の中で、「聖書宗教 biblische Religion」という概念を提示し、それがヨーロッパに対して持つ意義を論じている。

このように一九三一年の『哲学』から一九四六年の聖書論文に至る十数年間で、ヤスパースの聖書をめぐる態度が転回しているように見える。この間に、ヤスパースに何があったのであろうか。

著者はそれを、一九三三年に政権を掌握し一九四五年に終焉を迎えたナチズム時代の体験であると考える。事実ヤスパースは聖書論文の中で、「［聖書は］一二年間私たちを慰めた書物［であった］」（BR 407）と述懐している。[26] ヤスパース自身について言えば、妻がユダヤ系であるが故に大学を追放された一九三七年以降とりわけそうだったのであり、実際彼はこの時期に「学生時代以来初めて聖書を読み直した」（vgl. Ant 830）と述べている。

では、ヤスパースに対して、聖書はどのような慰めをもたらしたのであろうか。

レーヴェンシュタインが論文「ヤスパースの思考の中のユダヤ性」で指摘しているように、それは一九四六年の『罪責論』の中に見ることができる。

ここでヤスパースが指摘するのは、エレミアの例である。エレミアは自らの人生を賭けてきたすべてのものの没落を体験し、こうした状況の中で絶望した弟子のバルクに「神の言葉を挙げ」呼びかける。「私は建てたものを破壊し、植えたものを抜く。あなたは自分に何か大きなことを期待しているのか。そのような期待を抱いてはならない」。預言者のこの言葉に加えてヤスパースは「神が存在することで十分である」と言う。繰り返しヤスパースはエレミアのこの言葉に立ち返り、神を確信している人間は限界状況の中でも絶望しないことを示す。(27)

この「神が存在することで十分である」という命題と同等の表現は、ヤスパースが既に『哲学』の末尾で用いており（vgl. III 236）、彼の哲学の根本命題であると見なせるものである。またヤスパースは「限界状況は最終的には放念 Gelassenheit の中にその安らぎを見いだす」（II 291）と述べているが、この放念とは、前章でも見たように、「自己を神に委ね切っていること Sich-Gott-gelassen-sein」と理解できるものであり、限界状況の中で自己を神に委ね切っていることによって生じる「静寂 Gelassenheit」（III 235）が説かれる。ヤスパースのバーゼル時代の助手であるザーナーが書いているように、「ヤスパースが……生涯の最も困難な年月にこの命題をもって生きたのは確かであろう」(28)。

ヤスパースは、『哲学』ではその命題とエレミアの言葉の関連性を指摘していないが、ナチズム時代執筆の著作の中で両者を併記し始める（例えば AP4 636）。レーヴェンシュタインが

「[ヤスパースは] 自らの思考が聖書と関係を持っていることに気づいている」[29]と述べているが、ヤスパースが『哲学』では「聖書」の語を僅か四回しか用いていないことと[30]、彼がナチズム時代に聖書を読み直し、彼にとってそれが慰めとなったこととを考え合わせるならば、ヤスパースはナチズム時代にそのことに気づいたと言えるのではないだろうか。ナチズム時代の体験を通して、自らの思考の根が聖書にあることを自覚したと言えるのではないだろうか[31]。ここに、ヤスパースの聖書的転回の事実と内実を見て取ることができるのである。

しかしながらこのことは、ヤスパースがキリスト教をそのまま受け入れたことを意味するわけではない。彼は、先に挙げた聖書論文の中で、ユダヤ教ともキリスト教とも同一ではないが、それらを生み出しそれらを包括する「聖書宗教」という概念を提示する。

この概念は、ホメルによって「ヤスパースの聖書解釈の中心カテゴリーのひとつ」[32]と言われる「両極性 Polarität」(BR 411) という概念から理解されなければならない。ヤスパースによれば、「聖書は生命そのものと同じく無限に多義的であり、あらゆる状況とあらゆる立場に対して自らの章句によって応じうる。敵対者同士が常に――同等の権利をもって――聖書の章句によって自らを正当化しえた」(PGO 53)。

聖書は、「対立する勢力の戦場」(PGO 494) である。例えば、「好戦的な意欲と無抵抗に耐え忍ぶ恭順、民族思想と人類思想、多神論と一神論、聖職者の宗教と預言者の宗教が自らの正しさを証明する」(ibid.)。ヤスパースは聖書は本質的に両極的であると言う。

聖書的信仰 biblischer Glaube は、教説の全体として存在するのでもなく、一群の固定的命題として存在するのでもない。それは、矛盾するものを可能にする根拠を極めて鋭い諸々の対立によって徹底的に指摘する聖書のテキストの形態の中に存在する。聖書宗教の信仰は、一面的固定化の中では真であり続けることができない。それは、矛盾するものと両極的なものの中で把握されなければならない。（BR 409）

それゆえヤスパースによれば、聖書は、それを拠り所とするどの宗派によっても占有されえない。そして、歴史上生じた諸宗派の彼岸にある理念であり、それらを「包括する歴史的な空間」（PG 74）を、「聖書宗教」と名づける。聖書は、両極的であるがゆえに包括的でありうるのであり、「それぞれの宗派は、この空間から、他の内容を等閑に付しながら、それぞれ自らの特殊な強調点を獲得するのである」（ibid.）。

またヤスパースによれば、聖書は、そこから生じた諸宗派とだけではなく、そもそもヨーロッパそれ自体と切り離せない。聖書は、その両極性故の包括性によって、「たえず私たち［ヨーロッパ人］の方向を定めてくれるものであり、かけがえのない内実の湧き出る泉である」（PG 75）。「私たちヨーロッパ人は聖書に基づいて生き［うる］」（PGO 53）。

戦後ヤスパースは、一九四五年から一九四九年まで刊行された雑誌『変革』の編者のひとりとなった。この雑誌の刊行の目的は、ヤスパースが執筆した序文によれば、戦争によって殆どすべてを失ったドイツ人をして「無を前にして立ち上がらせる［ために］」（vgl. GW 174）、「変革を明らかにし促進することによって、再び基礎を置きうる所に通じる途上に立たせる［こと］」（vgl. GW 175）である。そして執筆者の中にブーバーやサルトル、カミュなどが含まれていることを考え合わせるならば、この雑誌はドイツ人だけにではなく、ヨーロッパ人全体に向けられたものであり、さらにはヨーロッパそれ自体の変革を目指すものであると言えるのではないだろうか。

　この序文の中でヤスパースは、「私たちが信じるものは人間存在の共通の根源であり」（GW 176）、この根源に傾聴する真剣さによってのみ、「神に対して従順であることが持つ確実さに到達することができる」（GW 177）と語る。

　なるほど、こうした表現は、聖書的転回以前の著作である『哲学』の中でも見られる。しかし、先に取り上げた聖書論文がこの雑誌のために書かれたものであることに注意したい。

　ヤスパースは「私は一九四七年の『哲学的信仰』の中で哲学的信仰を定式化した」（vgl. PA 67）と述懐しているが、その第二章「哲学的信仰の内実」で「聖書宗教の根本性格」（PG 34 ff.）として挙げられている七つのものは、既に聖書論文の中に見られる。[33] つまり「聖書論文」はいわば『原・哲学的信仰』と言えるものである。それゆえ、――聖書論文と『哲学的信仰』は同一直線上にあるから――、ヤスパースが『哲学的信仰』で「聖書宗教の根本性格」を挙げている個所を見てみると、彼は、「私たちは、インドのそして東アジアの宗教との比較に際して、聖書宗教における私たちの独自の根拠を自覚する」（PG 34）と述べている[34]。すなわちヤスパースは、先述の変革は、彼が「人間存在の共通の根源」――正確に言えばヨーロッパ人の独自の根源――と見なした聖書に傾聴することによって果たされると考えていたのである[35]。先に述べたようにヤスパースはナチズム時代の体験を通して自らの思考の根が聖書にあることを自覚したが、ヤスパースの聖書的転回の事実と内実は単にそうした彼個人の自覚の中にのみあるわけではないのである。

そしてそのことは、一九四六年のジュネーブでの講演「ヨーロッパ精神について」（以下、ジュネーブ講演）において、はっきり示される。

レーヴェンシュタインは、先に引用した個所に続けて、ジュネーブ講演を引用しながら、次のように言っている。

ユダヤ人は、人間の「喪失」を経験したが、ストア派とは違って世界に背を向けず世界の中で「原状回復」への道を歩んだ点で、「ヨーロッパ精神の模範と見なされうる。この聖書的思想の中に、ヨーロッパの歴史の根本の力が根ざしている」[36]。

ここで言われているように、ヤスパースによれば、戦争によって殆どすべてを失ったヨーロッパは、無を前にし立ち上がり、ふたたび基礎を置く所に通じる途上に立つために、「聖書的思想の中に根差している自らの歴史の根本の力」に拠らなければならないのである。（ヤスパースが、新旧両聖書の内で、旧約をより高く評価していたことについては後述する。）ただしヤスパースは、ジュネーブ講演の中で、「ヨーロッパは準備しなければならない危機的な瞬間に立っているように思われる」（EG 307）と言う。この「準備」とは何を意味するのであろうか。

ここでヤスパースが言うところによれば、たしかに「聖書なしでは私たちは無の中へ滑り落ちる」（ibid.）。しかしながら、「聖書は……これまで私たちにとって存在した形態のままでは十分ではない。それは新しく我が物化することによって変化させられなければならない。聖書宗教の変形がきたるべき時代の死活問題である」（ibid.）。

すなわちヤスパースは、ヨーロッパが聖書的思想の中に根差している自らの歴史の根本の力に拠るための「準備」として、聖書宗教の変革を要請するのである。換言すれば、聖書宗教の変革の中に、ヨーロッパの変革の可能性を見ているわけである。

2　プロテスタント原理

先に述べたように、両極性の概念は、ヤスパースの聖書解釈の中心カテゴリーのひとつである。このことは、ヤスパースの次の見解に基づいている。「全的で完全で純粋な真理はどこにも存在しない。なぜならばそれは、人間の言語の命題の中には、あるいは人間の生の特定の形姿の中には、存在することができないからである」（BR 410）。

ヤスパースは聖書の両極性の一例として、イエス・キリストをめぐる両極性を挙げている。それは、「キリスト教と……神のほかに善き者はいないとするイエスの宗教」（EG 308）の両極性であり、別言すれば、「人間となった神の内在」（PGO 494）と「純粋な超在」（ibid.）の両極性である。

ヤスパースの先述の見解からすれば、「真実の信仰は極の一方への固定化を拒む」（BR 410）。それゆえ、神は一面では、「暗号」として、個々人にとって歴史的一回的にならば「人間となった神」でありうる。しかし、神は他面では、万人にとって妥当する「人間となった神」ではありえず、「隠れた神」として「純粋な超在」である。ヤスパースはこうした立場から、キリスト教を聖書の両極性の一方への一面化と見なして批判する。[37]

ヤスパースは例えば次のように述べている。「［聖書の］諸矛盾は……解釈によって克服されるためにすべての時代を通じて思考を挑発してきた。……キリスト教会によって、その教義学を通して、神人キリストが、一切がそれに関係づけられ理解に際して歪められた統一性となった」（PGO 495）。ヤスパースによれば、聖書の両極性が単純化されてしまうと「信仰の根源性は……教会信仰の制約下に置かれ変化され忘却される」（ibid.）ほかなく、それゆえ彼は、「人間となった神」という「キリスト教神学の中心ドグマを聖書からの逸脱と見なす」[38]のである。

キリスト教の立場によれば、新しい契約によって旧い契約が成就されたわけであるが、ヤスパースの見解からすれば、新約聖書は旧約聖書からの逸脱であり、旧約聖書の「ひとつの付録」（PGO 500）に過ぎない。(39)

ヤスパースは、プロテスタント神学者のツァールントとの対談の中で、「規則的に教会を訪れる者が人々の五％から六％であること」（vgl. PO 89 f.）を引き合いに出して、「人々が一般的に言って教会の生活に協力することを妨げているものは何であるか」（PO 90）と問う。また、『啓示に直面する哲学的信仰』の中で、「聖書的啓示信仰の教会的権威は、現在の形態をもってしては人々の心の奥底を満足させることがますます少なくなっている」（PGO 7）と述べる。

そしてヤスパースがその原因として挙げているものが、聖書の両極性の一方への固定化であり、とりわけ「［今日では］実際には信仰されていない」――このようにヤスパースは主張する――「神人性」（PO 90）への逸脱である。(40)

先述したように、ヤスパースは「信仰の実体の真理を救うためにはその装いの変化が新しい時代ごとに望まれる」と言い、聖書宗教の変革の中にヨーロッパの変革の可能性を見ている。そしてここで見たように、実際のところは、キリスト教の変革の中にその可能性を見いだしているると言えるのである。

先に述べたように、ヤスパースは、聖書はそれを拠り所とするどの宗派によっても占有されえないとする立場から、歴史上生じた諸宗派の彼岸にある理念でありそれらを包括する歴史的な空間である聖書宗教という概念を提示する。それゆえ聖書宗教とは「キリスト教神学に対する論争的概念」[41]と見なせるものであるが、しかし、ヤスパースは、キリスト教を一方的に批判し去るわけではない。林田の表現を借りれば、ヤスパースは「キリスト教の真実性をより広い聖書宗教の名の下でより包括的に生かそうとする」[42]。

事実ヤスパースは、「キリスト信仰［としてのキリスト教］の衰退」（PG 74）は、「けっして聖書宗教としてのキリスト教の終焉を意味するわけではない」（ibid.）と述べ、「聖書宗教から絶対化されて出てきたキリスト信仰を、その包括的な現実全体に基づいて再び溶かし込んでいく［こと］」（ibid.）を提唱する。

つまり、ヤスパースはキリスト教を否定するわけではなく、その変革を訴え、しかも、「聖書信仰の実体の変革ではなく、信仰の表明としてのその現象の変革が課題である」（PGO 490）とする。換言すれば、十戒や神人、祭式やサクラメントといった聖書宗教の諸々の現象から、それらの「根源的なものへの回帰」（PG 79）が課題であるとする。

そして、ヤスパースがこうした回帰の中で最も果たされなければならないと見なしていたと考えられるものが、「聖書における特殊な信仰形式のひとつとしてのキリスト」（PGO 502）から、「ユダヤ人がその中に基礎を置いたところの神経験」（vgl. PGO 500）[43]への回帰である。彼によれば、「キリスト教的宗教とはそれが聖典として拠り所としているテキストに従えば聖書宗教であり」（PGO 503）、「キリスト信仰なしでも人間は神へといたる」（ibid.）。

ヤスパースは次のように述べる。「聖書宗教の歴史には再三再四生じる根源への回帰が属している。……この種の最後の大きな出来事がプロテスタンティズムの宗教改革であった。プロテスタンティズムは非真理から根源へと向かう最後の大きな突破の試みである」（PGO 510 f.）。つまりヤスパースは、プロテスタンティズムの宗教改革を、聖書宗教の現象からその根源への回帰と見なした。それは、ヤスパースが「聖書と信仰を第一のものとするプロテスタンティズムの根本主張の内に、教会的権威に束縛されない信仰の自由を認めるから」[44]であり、また、プロテスタンティズムでは「信仰が……個人の超在への直接性に基づいている」（PO 90）からである。すなわちヤスパースは、プロテスタンティズムが信仰の自由と直接性を強調する点に、聖書宗教の現象から根源への回帰の可能性を、とりわけ「神への道はキリストなしでも可能である」（FE 71）という立場を見いだすのである[45]。

しかし、ここで注意されなければならないことは、ヤスパースが、実在する「プロテスタンティズム」と、理念的な「プロテスタント原理 protestantisches Prinzip」（PGO 497）とを、区別していることである。彼は、「プロテスタントの宗派ではなく、プロテスタントの原理が、伝統的形式から根源への回帰である」（ibid.）と言う。そして、このプロテスタント原理を、「根源に基づく新たな実現のために信仰のすべての現象を突破する可能性」（PGO 521）と規定し、あるいは端的に「突破の原理」（PGO 512）と表現する。

当然ヤスパースからすれば、「プロテスタンティズムの原理は、最後には、イエス・キリストでの神の人間化の否認にいたらざるをえない」(PGO 511) はずである。しかし、プロテスタンティズムの実際は、キリスト信仰によって拘束されている (vgl. ibid.)。彼は、自らの革命的な真剣さの誤解によってプロテスタンティズムの萎縮が起こったと言う (vgl. PGO 512)。

ヤスパースは、プロテスタンティズムに対して、こう要請する。「プロテスタンティズムの真剣さは自らを完成しなければならない。さもなければ……カトリック的なものの不誠実なもののまねの空しさの中へと沈んでしまう」(ibid.)。すなわち彼は、プロテスタンティズムに対して、プロテスタント原理の徹底を要請するのであり、プロテスタンティズムの変革の中に、キリスト教の変革の可能性を見いだしているのである。(ただし、ここで言われている「カトリック的なもの」が、第二ヴァチカン公会議を経た後のものでないことには留意が必要であろう。「ヤスパースの宗教批判的な主著である『啓示に直面する哲学的信仰』は公会議が開会された年（一九六二年）に出版されたが、彼が晩年にさらに公会議の成果を受け入れたということは殆ど考えられない」[46]。)

＊

以上見てきたように、ヤスパースは、一面ではキリスト教を批判しながら、他面では、とりわけプロテスタンティズムの変革の中に、キリスト教の、そしてヨーロッパの変革の可能性を見いだしている。

ナチズム時代の体験を通して自らの思考の根が聖書にあることを自覚したヤスパースの聖書

的転回は、プロテスタンティズムの変革に基づくヨーロッパの変革の、すなわちヨーロッパの聖書的転回の試みへ向かったのである。

少年時代のヤスパースは、教会の説く宗教には殆ど関わらなかった。しかし晩年には、「私たちヨーロッパ人はすべてがキリスト教徒である」(PGO 52) と言い[47]、また次のように言うまでになる。「私はヨーロッパ人であるから、聖書的思考の連関の中で生活し、その中で生まれ、呼吸していることを自覚している。私は自らをひとりのプロテスタントと見なす」(FE 107)。「[私は] 幸福なプロテスタント的自由を持っている。私はそれによって、媒介者なしに超在に直接し、聖書を手引きとしながら、私がそこから生きていると思い少なくともそこから生きたいと欲する信仰を確信することができる」(ibid.)。ここで、いま「媒介者」と訳した„Mittler"には、「仲保者」と訳され、「イエス・キリスト」を表す意味があることに注意したい。すなわちヤスパースは、キリスト信仰を否定するにもかかわらず、信仰の自由と直接性を強調する点で、自らを「言葉の独自の意味での善きプロテスタント」(Ch 19) と表現するのである。あるいは私たちは彼を、ヨーロッパの変革のために聖書信仰の変革を訴えた点で、「現代の宗教改革者」と呼ぶことさえできるのである。

第3章　マルティン・ルター

「はじめに」で書いたように、第一部の「ヤスパース〈と〉プロテスタンティズム」の目標はヤスパースをプロテスタントとして規定することである。第一章で、ヤスパースと二〇世紀ドイツ語圏のプロテスタントの思想家との――主にナチズム時代前の――同時代的な共通性を明らかにしたのに続いて、第二章で、ナチズム時代におけるキリスト教への接近を確認することによって、ヤスパース〈の〉プロテスタンティズムを検討した。では、そのヤスパースは、プロテスタンティズムのもといであるルターを、どのように受容したのだろうか。

そもそも管見のかぎり、実存思想とルターの関係をあつかった研究は、少ないようである。例えば、実存思想協会編の『実存思想論集』創刊号（一九八六年）から第三三号（二〇一八年）まで、表題に「ルター」が掲げられている論文は見られない。その一因として考えられるのは、そもそも実存の思想家たちが、表立ってはルターを論じていないということである。ボルンカムは『ドイツ精神史とルター』（一九五五年）において、次のように書いている。「最近の主流な哲学的運動である実存哲学が、歴史的にも事柄的にもルターへの道を求めなかったということは、奇妙である。……［このことは］ルターの神学が実存主義的な解釈へと差し出されているように見えるだけに、ますます目立つのである」[48]。

本書が取り上げるヤスパースもまた、ルターに関するまとまった叙述をのこしていない。それどころか、ルターに関して否定的な発言が目につく。「［マルクスには］私としても嫌悪をもって対すること以外にはできませんでした（ルターやフィヒテに対するのと同様に）」（AJ 223）。とはいえ、ヤスパースにおける「ルター」の用例を調べると、否定的とはいえない言及も散見されるのが分かる。（他方で、カルヴァンに対する言及は少ないうえ、否定的である。「カルヴァンは、理論的および実践的な行為にさいしてのその愛を欠いた非寛容において、哲学することの怖ろしい対極である。……この精神を再認識するために、カルヴァンを直視しておくことは、よいことである。カルヴァンは、キリスト教的な非寛容の権化の頂点であり、その非寛容に対しては、非寛容をもってするほかない」（Ei 155）。）そこで本章は、ヤスパースのルター受容――あるいは両者の思想の類似性――を明らかにすることを目標とする[49]。

まず第1節と第2節では、そのための準備的な考察として、ルターの神学と神論について概観する。続く第3節では、ヤスパースにおける「ルター」の用例を調べることによって、ヤスパースのルター理解を示す。その上で第4節と第5節において、ヤスパースのルター受容――あるいは両者の思想の類似性――を明らかにする。先行研究がない課題ゆえ、本章はひとつの試論の範囲を超えるものではないが、実存思想の研究者にとっての足場となりうるようなものとしたい。

1　信仰義認論と十字架の神学

(1) 信仰義認論

エアフルト大学の法学生であったルターは、一五〇五年のいわゆる「雷雨の経験」[50]をきっかけとして、修道院入りをした。そこでのルターの課題は、「いかにして私は恩寵の神を獲得するか Wie kriege ich einen gnädigen Gott?」[51]であった。後年にルターは次のように述懐している。「私は修道士であったとき、会則の定めに従って生きようと最大の注意を払って努めた。……しかしながら、私の良心は決して確かになりえなかった。……人間の伝承によって、私の不確かで、弱く、悩む良心を癒そうと長く努めれば努めるほど、私は良心をもっと不確かで、弱く、乱れたものにしてしまった」[52]。詳しくは後述するが、「いかにして私は」というように、「私」が主体として立っている限り、ルターの良心は確かになることができなかったのである。

ルターのこうした行動の背景には、彼の受けた教育がある。「私は、キリストとは裁く方であって、……私の会則の遵守によってなだめられるに違いないと思っていた」[53]。ルターにとって、神とは自らの「義」によって罪人を裁く存在であり、人間は自らの力によって義人となりうるのであった。しかし実際は先述したとおりであった。「私は修道士として非の打ちどころのない生活をしたが、神の前ではやはり罪人であると感じ、私の良心は私を非常に苦しめた。私は神を自らの贖罪によってなだめたと期待することができなかった」[54]。そして、「『神の義』というあの言葉を憎［む］」[55]までに至ったのである。ルターはこうした「試練」と呼ぶべき状況の中で、大学での神学研究と聖書講義を命じられることになった。

ルターは一五一三年から一五一五年にかけて「詩編講義」をおこなった。講義が七一編まで進んだときのことである。そこには「あなたの義によって私を解放してください」とあった[56]。神の義が裁くものではなく、人間を解放するもの、恩寵をもたらすものと言われている。そのときルターに「宗教改革的転回」が起こったとされる[57]。「真理、知恵、力、救い、義は、それによってキリストが私たちを力強き者、救われた者、義しき者、知恵ある者などとするものである」[58]。ローマ書一章一七節にあるように、神の義は福音の中に示されている。——すなわち、神の義は人間を裁く「能動的義」ではなく、人間に与えられる「受動的義」である。神の義をルターはこのように理解するに至ったのである[59]。「いかにして私が」というように、「私」が主体として立ち、自らのわざによって義人となるのではなく、キリストへの「信仰のみ」によって義人とされる。これがルターのいわゆる「信仰義認論」である[60]。

（2）十字架の神学

神とは自らの義によって罪人を裁く存在であり、人間は自らの力によって義人となりうるという、こうした義の理解が基づくのは、神の義と人間の義の間に類比的な関係が存するということであり、換言すれば、神に対し人間から働きかけることができるとすることである。それに対して、神の受動的な義の発見、信仰義認論は、神に対する人間からの働きかけを否定する。先述の「詩編講義」の中でルターは次のように言っている。「神の義は人間の裁きと対立しており、人間が選ぶものを断罪し、人間が断罪するものを選ぶ」[61]。

一五一七年一〇月のいわゆる「九五か条の提題」の提示ののち、一五一八年四月のアウグスティヌス修道会における『ハイデルベルク討論』で、ルターは「十字架の神学」を提唱する。

一九、神の見えない本質を造られたものによって認識し認める者は、神学者と呼ばれるに値しない。……二〇、しかし、神の見える本質と神の後ろを受難と十字架によって認識し認める者は、神学者と呼ばれるに価する。[62]

前者の、認識されたものを見る者が「栄光の神学者」と呼ばれ、後者の、見られたものを認識する者が「十字架の神学者」と呼ばれる[63]。認識されたものを見るとは、理性によって、すなわち人間が自らの力によって神を見ることであり、そのような認識、理性による人間的な神理解が否定される。それに対して、見られたものを認識するとは、受難し十字架にかけられたキリストを見たままに、認識、理性による人間的な神理解に反して、神として認識することである。「十字架につけられたキリストのなかに、真の神学と神認識が存する」[64]。

すなわち神は隠されて現されるのである。「キリストは私たちの近くに、私たちのうちにいる。ただし、見知らぬ姿においてであり、栄光の輝かしさにおいてではなく、へりくだりと従順においてであるゆえに、キリストがそれであるとは思えないのである」[65]。「隠された神」が十字架の神学の中心にある[66]。ルターによれば、啓示においてさえも神の隠れが存在し、「ただ神が与えた基盤に立つ信仰によってのみ真の神学が確立される」[67]のである。

2　隠れたる神

(1)　試練と隠された神

十字架の神学は神に対する人間の働きかけを否定するのであるが、より一般的に言えば、人間が自らの力に拠り頼むことを否定するのである。十字架は、キリストの受難であるのみならず、私たちの受難でもある。「いまだ十字架と受難によって打ち砕かれていない者は、わざと知恵を自己自身に帰し、神に帰さない」[68]。「キリストの十字架は、すべての信仰者のすべての受難を指す」[69]。

ルターはこのことを「試練 Anfechtung」と呼ぶ。ルターによれば、彼自身の雷雨の経験における死の恐怖や、修道の生活における悩み、不安をもまた、そうした試練である。それゆえ試練とは、フォーゲルザンクが言うように、たんなる「教説概念」ではなく「生の概念」であって[70]、レーヴェニヒが説くように、「信仰の実存的な要素」[71]を明らかにするものである。ルターが「神の言葉を理解するためには……経験が必要である」[72]と言うのは、そのためである。

なぜキリストの十字架のうちに神が隠されているのか。神は恩寵の神であるにもかかわらず、なぜすべての信仰者にすべての受難が課されているのか。ルターはイザヤ書二八章二一節の「[神の]わざは異なるものである」[73]に基づいて、神の「異なるわざ」と「本来のわざ」なる考えを提示する。「神は生命と救いの神であり、これが彼の本来のわざであるにもかかわらず、彼はこれを達成するために殺し、滅ぼす。これは彼にとって異なるわざであり、……これによって彼は彼の本来のわざに到達する」[74]。

人間はとかく自らの力に拠り頼むものである。ピノマ『ルターの神学の実存的性格』より引用――「試練によって、誤った人中心的な確実さ――確かさ――が取り壊されるべきであるのは、その確実さが、正しい神中心的な確実さ――つよさ――によって置き換えられるためである」[75]。ゼーベルクが破壊は賜物の条件であると述べるように[76]、試練という神の異なるわざは、救いという神の本来のわざ、目的のための手段であると言えよう[77]。あえて言えば、試練は神の認識根拠である。それゆえルターは次のように言うのである。――「……最大の不安の中で、すなわち神自身がそれをなすと最も強く感じられるところで、神へ逃れる。……神に抗して神へ逃れる」[78]。

(2) 隠された神と隠れたる神

隠された神が十字架の神学の中心にある。すなわち神は隠されて現されるのである。このことは、隠された神と現された神が同一であることを意味している。これが、一五一八年の『ハイデルベルク討論』におけるルターの神理解である。しかし、エラスムスの『自由意志論』に対して書かれた一五二五年の『奴隷意志論』においては、ルターの神理解に変化が見られる。そこでは、隠された神と現された神が区別される。

エラスムスがエゼキエル書一八章二三節の「私は悪人の死を喜ぶだろうか」を引きながら、神は罪人の死を望まないと主張するのに対して、ルターは次のように反論する。「神は――神の言においては――罪人の死を望まない。しかしやはり、神の計りがたい意志においてはそれを望む」[79]。つまり、『ハイデルベルク討論』においては、神は隠されて現されるという神理解がなされるのに対して、『奴隷意志論』においては、神には絶対的に隠されたところがあるという神理解がなされるのである。

> 私たちに説教され、啓示され、提示され、礼拝される神や神の意志について論じるのと、説教されず、啓示されず、提示されず、礼拝されない神について論じるのとでは、異なっ

た論じ方がされなければならない。神が自らを隠し、私たちに認識されずにおこうとするかぎりは、神は私たちと関わらない[80]。

『ハイデルベルク討論』では、「神の言」であるキリストにおいて「神自身」であるところのものが隠されて現されると言われるのに対して、『奴隷意志論』では、「神の言」と「神自身」が区別され、神の絶対的な隠れが主張される。「[エラスムスは、]説教された神と隠された神の、つまり神の言と神自身の区別を知らないゆえに、おのれの無知で自らを欺く[81]」。『ルターの十字架の神学』の著者、レーヴェニヒが次のように述べているのは興味深い。「Deus absconditus は、隠された神 ein verborgener Gott であるのみならず、自らを隠した神 ein Gott, der sich verborgen hat でもある[82]」。それゆえ、『ハイデルベルク討論』の線での Deus absconditus は「(自らによって)隠された神 der (von sich) verborgene Gott」と、他方、『奴隷意志論』の線での Deus absconditus は「自らを隠す神 der sich verbergende Gott」というように区別することができるであろう。

ルター学者の竹原は後者の神について次のように述べている。「『奴隷意志論』における「隠された神」」――先の表現を用いれば「自らを隠す神」、すなわち「隠れたる神」――「は、みことばなるイエス・キリストを媒介せず、説教することも、祈ることも、礼拝することもできない、絶対的に隠された神である。これはキリスト教の神とは言えず、もはや神思想とも言えない」[83]。

*

ここであらかじめ、ルターの十字架の神学に関するヤスパースの理解を見ておきたい。「イエス・キリストの暗号は、十字架の神学と栄光の神学をルターが区別したことによって、異常な重みを獲得する。……神について私たちは直接的には何も知りえない。……罪に対する底知れぬ怒りを持った神自身としての神は、人間を打ちのめすのみであり、人間を絶望させる。……しかし人間は絶望したままではない。人間は、十字架の復活と、人となった子による、人間の罪のための神の代理的な償罪とへの信仰によって、救いを見いだす。この信仰確信が、人間に安らぎと至福をもたらす」（PGO 228）。ルターの十字架の神学に関してヤスパースは意義を認めているにもかかわらず、引用文中の「しかし」以降を見ても分かるように、ルターにおける「隠された神」と「隠れたる神」の区別を見落としている。引用元の『啓示に直面する哲学的信仰』では、神と人間の仲保者であるイエス・キリストの唯一性、絶対性を主張するバルトの「キリスト論的集中」が批判されている。ルターについてはその文脈で言及されているので、ルターにおける「神の絶対的な隠れ」が見落とされているのかもしれない。このことは、ルターとヤスパースの関係、そしてまた、キリスト教とヤスパースの関係にとって、不幸だったと言えよう。

3　ヤスパースにおける「ルター」の用例

第4節と第5節でルターとヤスパースの比較、対照をおこなう前に、ヤスパースにおける「ルター」の用例を調べることによって、ヤスパースにおいてルターがどのように受け止められているかを明らかにしたい[84]。すべての公刊著作、書簡にあたると、私見では以下の三つのグループに分けることができる。①「自由」に関するもの、②「限界状況」（「試練」[85]）に関するもの、③「ユダヤ人問題」に関するもの。①「意志の自由と恩寵の問題において、西洋では最も深い思想が考えられている（パウロ、アウグスティヌス、ルター）」（PGO 83）。②「……限界状況において、人間は自らの根が危うくされる。……自律的な自らの価値と意味の根は破壊されつつ把握され、人間は完全な絶望に突き落とされる。これは、アウグスティヌスやルター、さらにはキルケゴールといった、最も深い宗教的な人間の体験である」（PdW 274）。③「ルターは彼の著『ユダヤ人と彼らの嘘について』の中で、次のように書いている。……ヒトラーがおこなったことは、ガス室での直接殺戮を除いて、これをルターが勧めたのである」（nRA 162）[86]。

ヤスパースにおいてルターが「自由」と「限界状況」という、ヤスパースの中心的な思想について言及されているにもかかわらず、「はじめに」でも述べたように、ルターに関するまとまった叙述がのこされていないどころか、ルターに関する否定的な発言が目につくのは、ルターの反ユダヤ主義と、それの拠って立つルターの人格があったからであると思われる[87]。ただしこの問題は本章の主題（ヤスパースにおけるルターの積極的な影響、ヤスパースのルター受容）からはずれるので、これ以上論じることはせず、第4節で「自由」という観点から、第5節で「限界状況」（「試練」）という観点から、ルターとヤスパースの比較、対照をおこないたい。

4　自由

(1) ルターにおける自由

ルターにおいて自由に関して論じられているのは、一五二〇年の『キリスト者の自由』である。そこで本書に基づいてルターの自由論について概観したい。ルターが説くキリスト者の自由とは、端的に言えば、律法ないしはわざからの自由である。「キリスト者は義であるためには、信仰で十分であり、わざを必要としない。わざをもはや必要としないならば、キリスト者はたしかにすべての戒めと律法から解放されている。解放されているならば、たしかに義である。これがキリスト者の自由であり、「信仰のみ」である」[88]。

末尾で「信仰のみ」と言われていることに注目したい。すなわちキリスト者の自由、律法ないしはわざからの自由は、「信仰のみ」によって与えられるのである。「キリスト者にキリストが獲得し与えた自由とはどのようなものか」[89]。つまり自由の受動性が説かれていると言える。

では、キリスト者の自由が律法ないしはわざからの自由であるとすれば、キリスト者は律法を守り、わざを行う必要はないのであろうか。『キリスト者の自由』は二部からなっており、第一部では先述した自由の受動性が説かれているのに対して、第二部では自由の能動性が説かれている。

> ［第二部で］私たちは、先の語りにつまずいて、〈えっ、信仰がすべてであって、義とされるためにはそれだけで十分であるならば、一体なぜよいわざが命じられているのか、そうならば私たちは自信満々に何もしない〉と言うのを常とするすべての人たちに答えたい。……キリスト者は自由であるかぎり何もする必要がないが、僕べであるかぎりすべてのことをしなければならない(90)。

邦訳で一般的に「しなければならない」と訳されている „müssen“ は、「せざるをえない」と訳すこともできるであろう。いわば自由の能動的な受動性である(91)。徳善は『キリスト者の自由』への注解で、いみじくも「内的な信仰は必ず必然的に外的な、よい行いへと具体化せざるをえない」と書いている(92)。ルターにおけるキリスト者の自由は能動的に受動的なものである。換言すれば、そこでは自由と必然（不可避 Müssen）の統一が説かれていると言えよう。

（2）ヤスパースにおける自由

続いてヤスパースにおける自由論について見てみたい。「［信仰は］人間の自由から生じる。自らの自由を実際に自覚する人間は、同時に神を確信する。自由と神は相即的である。……私が確信するのは、自由という点では私は自己自身によって存在するのではなく、自由という点で私に贈り与えられる、ということである」（Ei 43）。私たちが能動的な決断を下すとき、その決断が単なる恣意的なものではなく、あたかも超越的に根拠づけられた受動的な決断であるかのように感じられることがある、とヤスパースは言うのである。こうしたいわば自由の能動的受動性は、「実存的不可避 Müssen」（II 185）と呼ばれる。こうした実存的不可避は、「自由と必然の統一」（II 195）であり、「「私はせざるをえない ich muß」という意味での「私は欲す ich will」として言表される必然」（II 186）である。ヤスパースが、「われここに立つ、他になしあたわず」というルターの言葉を挙げているのは（II 196）、――実際にルターが言ったかは別として[93]――ヤスパースにおけるルターの積極的な影響、ヤスパースのルター受容を考える上で興味深い。次の箇所がその引証となるであろう。「自由の問い――すなわち、自由は自らによって存立しているのではないということ、むしろ、より決定的に自由が現実に意識されるほど、それだけますます自由は自らが贈り与えられたことを知るということ……。私はそのことを哲学的な実存照明において避けて通ることができない真理要素と見なすが、この真理要素は、パウロ、アウグスティヌス、ルターがいなければ、私たちにとってはひょっとするとこれほどはつきりとは意識されなかったであろう」(Ant 777 f.)。

5　試練と限界状況

(1) 暗号として解釈可能な挫折と解釈不能な挫折

なぜキリストの十字架のうちに神が隠されているのか。なぜすべての信仰者にすべての受難が課されているのか。第3節で見たように、ルターによると、そうした「試練」という神の異なるわざは、救いという神の本来のわざ、目的のための手段である。人間の側から言えば、試練は神の認識根拠である。ただしこれは、現された神と同一である隠された神について言えることであって、現された神と区別される隠された神、隠れたる神については言えない。後者の神は絶対的に隠れているからである。

「これはキリスト教の神とは言えない」という竹原の言葉を紹介したが、例えばマクグラスも次のように言っている(傍点に注意!)。

神が啓示の背後に隠されていると理解されるならば、試練の可能性は極めて大きくなる。ルターは信仰の対象は常に神の言葉であると主張したにもかかわらず、一五二五年になると、神はキリストにおいて最後の言葉を語っていなかったかもしれないと認めざるをえな

かった *had been forced to concede*。人間を死へと理由なく予定する、隠された、計り知れない神という観念は、一五二五年の論文『奴隷意志論』の中でそそり立っている。……一五二五年にルターが予定の謎への解決を認めなかったというまさにその理由から、それによって自らの試練を解決することができる手段は信仰者にはなかった[94]。

つまり神の認識根拠でない試練が存在するということである。ヤスパースにおける「限界状況」にもまた、同様の事態が見られる。

「挫折は最後のものである」（III 220）。「限界状況において明らかになるのは、あらゆる私たちにとって肯定的なものが、これに属する否定的なものへと結びつけられているということである」（III 220 f.）。これらは、『形而上学』の最終節「超在の決定的な暗号としての現存と実存の消滅（挫折における存在［の開示］）」からの引用である。ここでは挫折が超在の暗号となりうること、挫折の超越的な意義が論じられる。

しかしながらすべての挫折がそのまま肯定的に超在の暗号となりうるわけではない。あらゆる挫折が暗号として解釈可能な挫折であるわけではない。「人間の思想において充実される内実として把握されうるものだけが解釈される」（III 231）。暗号として解釈可能な挫折だけではなく、暗号として「解釈不能な挫折」（III 233）もまた存在する。

「解釈へと取り上げられていないもの」（III 230）として、三つの解釈不能な挫折が挙げられている。一例としては「無意味な終焉」（III 231）がそれである。

> たんに絶滅させるだけの否定や、目覚めさせずたんに狭くして麻痺するだけの実りなき苦悩、脈略なくやってきてたんに打ちのめすだけの精神病は、解釈されえない。生産的な破壊だけでなく、まったく破滅的な破壊も存在する。（ibid.）

例えば最愛の人の死。――「神々にとって愛しいものを彼らは早々と世界から奪うのだという思想において私が存在［＝神］と没落を結びつけるならば、実存は抵抗する」（III 223）。

ルターにおいては、神の認識根拠となりうる試練となりえない試練が存在するように、ヤスパースにおいても、超在の認識根拠となりうる限界状況（挫折）となりえない限界状況（挫折）が存在するのである。なぜならば「神は隠れている」（II 314）[95]からである。（ヤスパースは、宗教的実存との対比で、「哲学的実存は、隠れたる神に決して直接に近づかないことに耐える」（III 152）と書いているが、ルターにおける宗教的実存にもそうした契機があることを見落としている。）

（2）呻きと沈黙

ルターにおける宗教的実存は、神の絶対的な隠れに直面して、何をなしうるのか。「なしうる」という表現は適切ではないかもしれない。というのは、ヤスパースにおける限界状況、挫折においてのように、そこでは主体性が否定されているからである。ルターによると、そのとき人間には「言葉に表せない呻き*Seufzen*」のみがあるという。しかしその呻きは、人間が能動的に発するものではなくて、聖霊によって発せしめられるものであるとされる。「聖霊は私たちのために神の意志に従って言葉に表せない呻きをもってとりなしをする」[96]。「それ自体的には人間存在の否定と破滅にほかならない呻きも、これにかかわりきたる神の御霊によって真の有意義性を得ている」[97]。いわば主体性の否定が媒介となって、主体性の超越がなされると言えよう。こうした否定媒介は、ヤスパースにおける限界状況、挫折にも見られる。

「最後の暗号としての解釈不能性」（III 234）と言われるように、暗号として解釈不能な挫折こそ「超在の決定的な暗号」（III 219）となりうるとされる。暗号の解釈とは、「存在の言葉」（III 132）を「人間の言葉」（ibid.）によって表現することであり、無限的なもの・絶対的なものを有限化・相対化することである。解釈は存在を「顕わにしながら新たに隠蔽する」（ibid.）。それに対して、暗号として解釈不能な挫折は、暗号であることが表現されえないゆえに、そうした有限化・相対化が回避される。このことは私たちが解釈不能な挫折において「解釈不能な無」（III 232）に直面するということである。この解釈不能な無が、すなわち「挫折において開示される非存在が、超在の存在である」（III 234）。解釈不能な挫折においては、私たちにとっては「沈黙だけが可能である」（III 233）。しかしこの沈黙の中で、私たちは超在に触れうる。

> 私たちは突き進み、暗号を越え出、深みへとあるいは高みへと到達する。そこではすべての暗号の言葉さえも止み、超在が無知の知において、すなわちかの充実された沈黙において触れられる。（PGO 195）

否定が媒介となって超越、すなわち外に出る《エクシステレ》ことがなされる主体性とは、語の本来の意味での実存《エクシステンツ》である。そしてその超出、実存は、それの先にあってそれをささえるものに出会う。この点にルターとヤスパースにおける実存の類比的な性格を見いだすことができよう。[98]

＊

本章はヤスパースのルター受容を明らかにすることを目標としたが、以上のように両者の思想の類似性を指摘するにとどまったかもしれない。第2節と第3節での準備的な考察を経て、第4節で自由の能動的受動性、第5節で神の絶対的な隠れ、主体性の否定媒介的な超越という三つの点での類似性を指摘した。

ルターとヤスパースの関係、あるいはキリスト教とヤスパースの関係を考えるうえでは、特に、神の絶対的な隠れが重要であろう。というのも、キリスト教に対するヤスパースの批判の根幹には、「ある処である時に、一回かぎりあるいは一連の行為によって、神が自らを局在化する」という、「世界の中で客観的なものへと神を固定化する信仰」（FE 65 f.）に対する批判があるからである。すなわちルターにおける隠された神と現された神の区別、神の絶対的な隠れの主張には、ヤスパースのその批判はあたらないのである。ここにヤスパースのルター理解、あるいはキリスト教理解の限界があるが——、むしろ両者の思想は、その点で一致しているとさえ言える。

ヤスパースは『啓示に直面する哲学的信仰』の最終第七部「哲学的信仰と啓示信仰は出会いうるか」において、次のように書いている。「哲学と啓示信仰が互いに語り合うとき、両者は相互に相手の実質的な中心に到達しようとしなければならず、他者の逸脱した点に相手の本質を見てはならない。……神学は啓示を納得されうるものにすることへと逸脱する」（PGO 484）。先に見たように、竹原はルターにおける神の絶対的な隠れはキリスト教の神とは言えないと述べているが、論者にはその神の絶対的な隠れが啓示信仰の実質的な中心であるかの判断はできない（なお、ヤスパースのキリスト教批判にさいしての仮想論敵であるカール・バルトは、ルターにおける隠された神と現された神の区別、神の絶対的な隠れの主張を批判している）[99]。とはいえヤスパースの立場に立つならば、その点に哲学と啓示信仰の出会いの可能性を探ることができるのである。

第二部　ヤスパースとプロテスタントの思想家たち

——近さの中の遠さ

第4章　ルドルフ・ブルトマン

ルドルフ・ブルトマン（一八八四―一九七六）が初めて「非神話化」を提唱したのは、一九四一年の講演、「啓示と救済の出来事」においてである。そしてそれは同年、論文、「新約聖書と神話論」[100]として発表された。

非神話化は戦後、プロテスタント神学のみならずカトリック神学においても論じられたが、さらにはそれを超えて、哲学者によっても取り上げられるにいたった。その代表的なものが、ブルトマンとの論争の発端となったヤスパースの一九五三年の講演、「ブルトマンの非神話化の真理と災い」（FE 29 ff.）である。

ブルトマンは二〇世紀の神学者の中で、ヤスパースが主題的に論じた唯一の神学者であった。ヤスパースはなぜ、ブルトマンを取り上げたのか。彼によれば、非神話化をテーマとしたのには、二つの理由があるという。彼はそのひとつとして、「数十年来けっして途切れることのなかった、たとえ一方的であったとしても私のあなたへの、思想的な交わり」（FE 138）を挙げている。

この「数十年来けっして途切れることのなかった思想的な交わり」は、実はヤスパースの少年時代に始まっている。彼とブルトマンは、オルデンブルクのギムナジウムの同窓生であった[101]。ヤスパースは次のように述懐している。「私はあなたを校庭で見かけ……、あなたとあえて関わろうとすることはなかったけれども、あなたの光り輝く目を見て、あなたの存在をうれしく思った」（ibid.）。

ヤスパースはその後、ブルトマンが一九三〇年にハイデルベルクで行った講演を聴き、「感嘆した」（ibid.）という[102]。その講演は、新約聖書についての歴史学的な研究であったと思われる。なぜならばヤスパースは、「歴史学者としてのブルトマン」（FE 73）を評価する一方で、「神学者としてのブルトマン」（ibid.）を批判するからである。「ブルトマンは歴史学者であり、その研究の教えることは非常に信頼できる。……私は、……ブルトマンやディベリウスから学んだほど、同時代の神学者から学んではいない」（FE 78）。

ではヤスパースは、どのように神学者としてのブルトマンを批判するのか。右記の講演のほかにブルトマンは、教会での説教を行っている。ヤスパースは、その説教の「正統主義的で orthodox 因習的な内容に驚いた」（FE 138）と言う。なぜならば彼は、「その説教の内容と講演の精神を関係づけることができなかった」（ibid.）からである。それゆえヤスパースは、その説教のあとで、ブルトマンの訪問を受けた際に、「正統主義 Orthodoxie を批判した」（ibid.）のである。

ヤスパースには、ブルトマンが「揺るぎない岩石のように思えた」（ibid.）という。「私は当時、あなたの訪問に際して、［神学者との］つながりを持つことの不可能さを体験した。それは、私にとって象徴的となった体験であった」（ibid.）。ヤスパースは一九四八年の『哲学的信仰』で、「神学者との議論は決定的な点で中断してしまう」（GL 61）と嘆いている。彼によれば、この一文はそもそも、ブルトマンの訪問の際に書きとめられたものなのである（vgl. FE 138）。ヤスパースの非神話化批判の背景には、こうした「数十年来けっして途切れることのなかった思想的な交わり」があった。そしてそれは、「正統主義」をめぐってのものであった。「私の批判の実行に際して、私の究明の対象は、非神話化よりも、正統主義であった」（FE 139）。

本章は、ヤスパースとブルトマンの非神話化論争を、ヤスパースの正統主義批判という点から考察する。このことによって、ヤスパースとブルトマンの近さと遠さを、「近さの中の遠さ」として明らかにすることになるであろう。

1　ブルトマンの非神話化

ブルトマンは「新約聖書の世界像は神話的な世界像である」[103]と言う。彼においては「神話」という語によって何が意味されているのか。神話は、非世界的なもの・神的なものを、世界的なもの・人間的なものに客観化する。例えば神の彼岸性は空間的な遠さとして表象される[104]。つまり神話とは、本来的には非客観的であるものについての、客観的な表象である。

しかしブルトマンによれば、「神話の本来的な意味」[105]は、「客観的な世界像を与えること」ではない。神話は、人間が自らをどのように理解しているかを言い表す。「それゆえ新約聖書[106]の神話論も、その客観化する表象内容でなく、この表象において言い表される実存理解が問われなければならない」[107]。

そこでブルトマンは、新約聖書の神話的な表象を解釈し、その「意味」、つまり新約聖書の「実存理解」を取り出そうとする。彼はその解釈を「非神話化 Entmythologisierung」と呼ぶ。では、新約聖書の実存理解とはどのようなものか。「［新約聖書の実存理解は］人間が自己自身の支配者ではないということ、人間はこの世にのみ依存しているのではなく、なによりもこの世の彼岸で支配する力に依存しているということ、人間がこの依存によって初めてこの世の力から解放されるということである」[108]。その上でブルトマンは「無信仰の人間の在りかた」[109]と「信仰する人間の在りかた」[110]を区別し、無信仰の人間は「自らと自らのものに固執する」[111]のに対して、信仰する人間は「自己自身への信頼を放棄［する］」[112]と言う。そして彼は、新約聖書の実存理解に基づいて、信仰する人間の在りかたを本来的な人間の在りかたと見なす。

ブルトマンによれば、新約聖書と哲学は、人間が自己を失っているということを指摘し、人間をその本来的な在りかたへ呼びさまそうとする点では一致している。彼はそれゆえ、新約聖書の実存理解を取り出そうとする際に、Geschichtlichkeit や Sorge、Eigentlichkeit といったハイデガーの実存論的なカテゴリーを用いる。そして、「[ハイデガーにおける]現存在の実存論的な分析は、人間現存在についての新約聖書的見解の、世俗的な哲学的叙述であるように見える」(113)とさえ言う。

ただしブルトマンによれば、哲学は、「人間の「本性」の明示だけが必要であり、結果としてその実現も引き起こすことができると確信している」(114)。彼はこの哲学の確信に、新約聖書と哲学の差異を見いだす。無信仰の人間は自らと自らのものに固執する。ブルトマンは、先述の哲学の確信こそ、そうした「自力」に基づくものにほかならないとする。そしてそれが新約聖書で「罪」と表現される在りかたであるが(115)、すなわち新約聖書によれば、自らと自らのものに固執する人間は、自己自身への信頼を放棄するという自らの本来的な在りかたをとることができない。なぜならば「堕落しているならば、どの人間の活動も堕落している人間の活動である」(116)からである。著者はここで、自分の髪を引っ張りあげて底なし沼から抜け出ようとするミュンヒハウゼンの試みの不可能性を思い出すが、ブルトマンならば、だからこそ外から差し出される手によって引っ張りあげられるという救済が問題にならざるをえないのだと言うであろう。それどころか、自らと自らのものに固執する人間は、自己自身への信頼を放棄するという自らの本来的な在りかたに気づくことさえできない。この在りかたは、それが「贈り与えられたもの Geschenk」(117)であることがいわば他力的に突きつけられ、「人間が自己自身から解放されると

郵便はがき

料金受取人払郵便

小石川局承認

6313

差出有効期間
2026年9月
30日まで

112-8790

105

東京都文京区関口1−44−4
宗屋関口町ビル6F

株式会社　新教出版社　愛読者係

行

＜お客様へ＞

お買い上げくださり有難うございました。ご意見は今後の出版企画の参考とさせていただきます。

ハガキを送ってくださった方には、年末に、小社特製の「渡辺禎雄版画カレンダー」を贈呈します。個人情報は小社、提携キリスト教書店及びキリスト教文書センター以外は使用いたしません。

●問い合わせ先 ： 新教出版社販売部　tel　03−3260−6148
email : eigyo@shinkyo-pb.com

今回お求め頂いた書籍名

お求め頂いた書店名

お求め頂いた書籍、または小社へのご意見、ご感想

お名前

職業

ご住所　〒

電話

今後、随時小社の出版情報をeメールで送らせて頂きたいと存じますので、
お差し支えなければ下記の欄にご記入下さい。

eメール

図書購入注文書

書　名	定　価	申込部数

きにのみ」[118]、可能になる。そして、「まさにこのことを新約聖書の宣教は主張するのであり、まさにこのことがキリストの出来事の意味である」[119]と、ブルトマンは主張するのである[120]。

　このようにブルトマンは、本来的な人間の在りかたは、キリストなしでは可能ではない、と言う。しかしながら、こうした主張こそ、さらに非神話化されなければならない神話的な残滓ではないのか。ブルトマンは、この問いに対して、次のように答えている。

　たしかに、「私たちが新約聖書の客観的な表象に従うならば、キリストの十字架は神話的な出来事として理解されている」[121]。例えばそれは、先在し人間となった罪なき神の子が十字架に架けられた、といった表象である。しかし先述のように、神話の本来の意図は、こうした客観的な表象を与えることではない。ブルトマンによれば、「十字架においては、私たち自身が裁かれているのである」。「キリストの十字架を信じることは、……客観的に見ることのできる出来事を仰ぎ見ることではない。それは、……キリストとともに十字架に架けられることである。……十字架は、私たちが回顧する過去の出来事ではない。……それは、信仰者にとって常に現在である」[122]。このようにブルトマンによれば、キリストの出来事とは、客観的な、つまり神話的な出来事ではなく、主体的な、つまりそのつどいまここで出来する出来事なのである。

2　ヤスパースによる非神話化の批判

ではヤスパースは、どのように、こうした非神話化を批判するのか。まず注意しなければならないのは、ヤスパースが非神話化を全体として否定するわけではないということである。ヤスパースによれば、「すべての時代を通じて今日までひとつの本末転倒が起こった」（FE 43）。それは、神話を文字通りに受け取るということである。それゆえブルトマンも、神話の本来の意図は客観的な表象を与えることではないとする点では、正しい。非神話化は、「そうした本末転倒を批判的に解消するという課題を果たすかぎりでは」（ibid.）、正当である。ヤスパースの講演が「ブルトマンの非神話化の真理と災い」と題されているように、彼は、非神話化に「真理」を見いだしつつ、そこから「災い」を取りのぞこうとするのである。

ではヤスパースは、どこに、ブルトマンの非神話化の災いを見いだすのか。ここでは、特に、両者の「啓示」をめぐる議論をてがかりとしたい。

ヤスパースによれば、自らとブルトマンを隔てるのは、「啓示思想」（FE 65）への立場である。ヤスパースは啓示思想を批判して次のように述べる。「神が、ある処である時に、一回かぎりあるいは一連の行為によって、自らを局在化するということは、世界の中で神を客観的なものに固定化する信仰である」（FE 65 f.）。

ブルトマンはその批判に対して「まったくそのとおりだ」（FE 92）と答えた上で、次のように述べる。「ヤスパースは、こうした啓示信仰に対して繰り返し闘われてきたということが分からないのか。彼は、こうした神の客観的なものへの固定化に対してこそ私が闘ったということが分からないのか」（FE 93）。先述のようにブルトマンにとってキリストの十字架は、客観的な出来事ではなく、主体的な、そのつどいまここで出来する出来事である。ブルトマンは、ヤスパースへの返答の中でも、「啓示とは教説の伝達ではなく、……そのつどの私への神の直接的な呼びかけ *Anrede* である」（FE 95）と主張する[123]。

　ヤスパースも、人間と神を媒介する「暗号」の、いまここでの歴史的一回性を強調する。このようにヤスパースとブルトマンは、ともに信仰の歴史的一回性を強調している。この点から見れば、両者の間の隔たりは、さほど大きくはないように思われる。

　しかしながらヤスパースは、こうしたブルトマンの返答を、再批判する。「神の語りかけ **Zuspruch** は新約聖書の言葉に、それゆえひとつのまったく固定化された客観性に、結びついている。……このことは、客観的な固定化の解消というあなたの意図に矛盾している」（FE 106）。

　なるほどブルトマンの主張によれば、啓示は、主体的な、そのつどいまここで出来する出来事である。しかしブルトマンにおいては、その啓示は「約一九五〇年前のかの奇跡」（ibid.）に基づいており、また、人間の本来的な在りかたの実現への決断は「原始キリスト教徒たちの口を通じての神の「呼びかけ」への決断へと特殊化される」（FE 128）。その点で、ブルトマンの非神話化には、「ひとつのことがまったく客観的なこととして残っている」（FE 106）のである。そしてそのひとつのこととは、「ケリュグマ Kerygma」、つまり「キリストにおける神の決定的行為についてのメッセージ Botschaft」[124]にほかならない。ヤスパースはこのように、ブルトマンの非神話化に、さらに非神話化されなければならない神話的な残滓を見いだすのである。

*

ブルトマンは、キリストの出来事という特定の出来事を、本来的な人間の在りかたを実現する契機として、特権化する。このことに対する批判は、ヤスパースのみならず、さまざまな論者によってなされている。例えば八木は次のように書いている。「一方では新約聖書の実存理解は人間誰でもの可能性であるのに、他方ではその現実性は、一回的な歴史的事件に基礎をおいている」[125]。ヤスパースは、このことを、非神話化に隠されている「正統主義」として批判するのである（vgl. FE 61）[126]。

ヤスパースは言う。「個々人が自己を見いだすのは……自らに与えられた現実の中で……自己を決断することによってである」（FE 126）。なるほどブルトマンとともに、ヤスパースもまた、実存の「贈り与えられたもの」としての性格を強調する（vgl. Ei 43）。しかしブルトマンが、実存の「贈り与えられたもの」としての性格を自覚させる出来事を、特定の出来事に特権化するのに対して、ヤスパースは、すべての出来事がその契機となりうるとする。彼によれば、すべての出来事が、「そのつど私への神の直接的な呼びかけ」となりうるという。ヤスパースは人間と神を媒介する「暗号」のいまここでの一回性を強調するが、彼によれば、「暗号となりえないものは存在しない」（III 168）のである。

ヤスパースはこのことからブルトマンに対して、「プロテスタント的思考の全信徒祭司性という要求の究極的意味を主張することが許される」（FE 106）と言う。つまりそれは、「人間は神への関係において媒介者（仲保者 Mittler）に縛られていない」（ibid.）ということである。そしてそれは、「神への道はキリストなしでも可能である」（FE 71）ということにほかならない。

先にヤスパースが非神話化をテーマとしたのには二つの理由があると述べたが、そのうちのもうひとつの理由は、このように、「「キリストなしの神の思想は妄想である」と書かせるかの正統主義と結びついている非神話化への精神的な怒り」（FE 137）であったのである。[127]

第5章　フリッツ・ブーリ

従来の研究においてヤスパース哲学のキリスト教神学への関係が問題にされる際には、そのキリスト教批判という観点ばかりが取り上げられ、ヤスパース哲学がキリスト教に与えた積極的な影響については殆ど論じられてこなかった。それにはヤスパース哲学が現代神学においてあまり顧みられていないという事情もあるだろう。[128]本章ではバーゼルの改革派の神学者フリッツ・ブーリ（一九〇七―一九九五）に注目する。彼はヤスパース哲学の影響下で自らの神学を形成した数少ない神学者のひとりである。

ヤスパースが一九四八年の『哲学的信仰』において、特にブルトマンを念頭におきながら（vgl. FE 138）、「真理を求める私の人生の苦痛であるのは神学者との議論が決定的な点で中断してしまうことだ」（PG 61）と嘆いているのは有名である。しかしその一方で、ヤスパースが一九四九年にマルティン・ヴェルナーと共にブーリに面会したときのことを、次のように回想しているのはあまり知られていない。「私たちがブーリとお会いしたのは、私にとって大きな喜びでした。ブーリやあなたと共に初めて経験したのは、私が神学者に「壁」を感じないということでした」（一九四九年七月一二日、SB 121）。ヤスパースとブーリの間には思想的のみならず個人的な関わりもあった。両者の往復書簡集が公刊されているが、ヤスパースは一九五一年に「私たちが共通の目標を持っているということは私を勇気づけます」（一九五一年一二月二一日、BJ 56）と書いている(129)。

しかしながら一九六三年になると、次のように書き送るにいたった。「あなたがさしあたりは歩んだ道を私はさらに進みました。……その歩まれた道があなたによってさらに進まれるということはありませんでした」（一九六三年八月八日、BJ 60）。

彼らの「共通の目標」とは何であり、また、彼らはなぜ決別せざるをえなかったのか。本章では特にブーリの三つの著作に注目する。――「神学の非神話化か非ケリュグマ化か」（一九五二年、以下、非ケリュグマ化論文）、『実存の神学』（一九五四年）、『キリスト教信仰の自己理解としての教義学』第一巻（一九五六年、以下『教義学』）。始めに、ブーリの「非ケリュグマ化」や「実存の神学」というプログラムにおけるヤスパース哲学の影響を明らかにする。次いで、『教義学』においてブーリに転回があったことを指摘し、それが彼らの決別の原因になったことを明らかにする。そして最後に、その決別を踏まえて、キリスト教信仰と哲学的信仰の差異について言及する。

1　ブーリとシュヴァイツァー

(1) シュヴァイツァーの「非終末論化」

シュヴァイツァーは『メシアの秘密と受難の秘密』（一九〇二年）、いわゆる「イエス伝」において、イエスにおいてなぜ受難思想が現れなければならなかったのかと問う（vgl. GW5 199）。洗礼者ヨハネが現れ、預言者エリアの再来と見なされていたが[130]――神の国に先駆けてエリアが再来すると信じられていた[131]――、それにもかかわらず神の国が来なかったという、この二つの経験によって、イエスは「神の国の到来を強いるために、受難を招来しなければならなかった」（GW5 315）。シュヴァイツァーはイエスを徹底的に、黙示文学的な意味での終末論によって規定されていると理解する。

イエスを徹底的に終末論的に理解するこの「徹底的終末論」によってシュヴァイツァーは、イエスの世界観と現代的な世界観の間の「深淵」（GW5 325）を浮き彫りにする。イエスにとって世界の完成は、旧約聖書の黙示文学に見られるような「超自然的に到来する完成の状態」（GW5 231）である。それに対して、私たちにとって世界の完成は、カントの「目的の国」で描かれるような「人類の倫理的な完成」（GW5 230）である。

ただしシュヴァイツァーによれば、いかなる世界観においても時代的に制約されたものと制約されていないものとが併存している（vgl. GW3 876）。世界観における「表象的素材」――世界観においてどのようなイメージが使われているか――は時代的に制約されているが、世界観における「意志」はそうではない。「意志が表象的素材に形を与えるところで世界観は成立する」（ibid.）。

イエスの黙示文学的な意味で終末論的な世界観における意志は、「倫理的な世界完成を目的とする意欲と希望」（GW3 879）である。この倫理的な世界完成とは、「超自然的に実現される終末完成」（GW3 883）であって、「倫理的な実践の結果」（ibid.）ではない。それゆえイエスの意志を、彼の〈終末論的世界観〉から切り離し（vgl. GW5 325）、私たちの〈倫理的世界観〉の中で生かさなければならない。これがいわゆるシュヴァイツァーの「非終末論化 Enteschatologisierung」である。イエスが神の国の到来を待望したのと「同じ激しさをもって」（GW3 883）、私たちは倫理的な実践を行わなければならない。シュヴァイツァーにとって神の国は「期待されるべきものから実現されるべきものとなる」[132]のである。

『文化と倫理』（一九二三年）においてシュヴァイツァーは、「最も直接的で最も包括的な意識の事実」（GW2 377）として、次のものを挙げている。それは自らの生を最高の完全さで実現しようとする「生きんとする意志」（GW2 348）である。

ただし、この利己的な生きんとする意志は、反省を経ることで、あらゆる生きんとする意志を包括する利他的なものとなる（vgl. GW2 381 f.）。すなわち生きんとする意志は、世界に対して、「生への畏敬」（GW2 108）を持つのである。この「生への畏敬」は、自らの生のみならず、あらゆる生を最高の完全さで実現しようとする。この生への畏敬によって規定された、私たちの世界への関係こそが、〈終末論的世界観〉に代わる、〈倫理的世界観〉にほかならない。このようにシュヴァイツァーは終末論的な世界観の代わりに、倫理的な世界観を提示するのである。「密林の聖者」と呼ばれたシュヴァイツァーのかのアフリカ行きは、この倫理的な世界観に基づいた彼自身の倫理的な実践であったと言えよう。

（2）シュヴァイツァー批判

ブーリは「アルバート・シュヴァイツァーとカール・ヤスパース」（一九五〇年）において、シュヴァイツァーの「非終末論化」の不徹底を批判する。ブーリは①「シュヴァイツァーの立場を彼自身の諸前提に基づいて批判的に考え抜く」（SJ 11）と言う。シュヴァイツァーは一方で、イエスの終末論的な世界観を非終末論化し、イエスの倫理的な意志を切り離す。しかし他方でこの意志を倫理的な世界観の中で生かす。ブーリによるとこの点でシュヴァイツァーは不徹底である。この倫理的な世界観こそ、時代的に制約されたものとしての表象的素材ではないのか。シュヴァイツァーの倫理的な世界観においては、「倫理的状態が次第に発達し、ついには最終的完成にいたるであろう、ということが前提されている」（GW5 230）が、こうした近代的な前提は、現代でもなお通用しうるのであろうか。シュヴァイツァーは自らの立場をいみじくも「倫理的終末論」（GW5 329）と呼んでいるが、彼はまさに古代的な終末論に代わって近代的な終末論を提示したのである。

ブーリはこうしてシュヴァイツァーの「非終末論化」の不徹底を批判しながら、それにとどまらずさらに、②「シュヴァイツァーの倫理的な世界観をヤスパースの実存哲学に基づいて批判する」（SJ 8）。すなわちシュヴァイツァーを内在的にのみならず、外在的にも批判するのである。ブーリによると、シュヴァイツァーは倫理的な世界観によって、「世界の究極的な本質と意味についての認識を対象的な知識の形で提供する」（SJ 15）。しかしヤスパースにとっては、こうした対象的な知識の形をとる世界観は、「維持不能な形成物である」（ibid.）。ブーリがこのように書くときヤスパースのどの著作を念頭に置いているのかは不明であるが、ヤスパースの哲学を特徴づけるものとして、「包在」と「暗号」と並んで、「意識の主観―客観―構造」を挙げている（vgl. KJ 66）。ヤスパースによると、客観は主観に対するもの、つまり「対象」であって、両者の全体ではない。それゆえ、すべてのものがそれのもとで見られるような世界なる全体は、「理念」としては可能であるが、「対象」とはなりえない（vgl. I 63 ff.）。コンラートは次のように書いている。

世界観は、「世界の究極的な本質と意味についての認識を対象的な知識の形で提供する」という印象を与えるので、否定されなければならない。ブーリの決定的な批判が出発するのは、ヤスパースのこうした洞察からである。[133]

しかしブーリは、シュヴァイツァーの倫理的な世界観をヤスパースの実存哲学に基づいて、批判し去るのみならず、生かし直しもする。すなわちブーリは③「シュヴァイツァーの倫理的な世界観を実存哲学的に解釈する」（SJ 15）のである。「生きんとする意志というこの概念は、対象的に理解されると、疑わしい構築物として現れる」（SJ 16）。それゆえ私たちは「彼の思考を誤った対象化から解放し」（SJ 17）なければならない。そこでブーリはシュヴァイツァーの倫理的な世界観を「実存の暗号」（SJ 15）として理解しようとする。ブーリは「実存の暗号」を「実存の自己理解の象徴」（ibid.）とも言う。すなわち彼はシュヴァイツァーの倫理的な世界観を、対象的な知識の形をとるものとしてではなく、生きんとする意志だという自己理解を象徴的に表現するものとして理解するのである。ブーリはこのように「ヤスパースの暗号概念を応用し」（SJ 17）、シュヴァイツァーのヤスパース化（vgl. DD2 212）を試みたわけである。ただし後述するがヤスパースの暗号概念は実存の自己理解の象徴には限定されていない。次節で述べるようにブーリは「自己理解」という語をブルトマンから受け継いだのである。

2　ブーリとブルトマン

ブーリによると、ブルトマンは前章で見たように、一方で「新約聖書がキリストにおける神の救済行為について語る形式は、私たちにとって維持不能なものとなった神話である」（EE 39）としながらも、他方で「神の救済行為をかつてイエス・キリストにおいて出来したものであるとして、その排他性を固守しようとする」（ibid.）。それゆえブーリは非神話化の試みそのものは評価しつつも[134]、その不徹底を批判するのである。イエス・キリストにおける神の救済行為についてのメッセージである「ケリュグマ」は、ブルトマンにおいて「首尾一貫しないしかたでなおも固守される神話の残滓」（EE 51）である。

「ヤスパースがこんにち、本来的な人間《ダーザイン》の贈り与えられたものという性格について語っているということを、ブルトマンは知らないのか」（EE 49）。事実ヤスパースは、神話的な表象なしに、実存の贈り与えられたものという性格について語っている[135]。ブーリによると、ブルトマンは実存という恩寵を知ろうとしないから[136]、「恩寵を欠いた実存から、キリストにおける神の救済行為という、かのなお常に神話的な恩寵へといたらざるをえない」（ibid.）。非ケリュグマ化論文によると、贈り与えられたものという性格の自覚としての自己理解こそが「救済の現実」（EE 52）にほかならず[137]、それが表現されたものが「救済の神話」（ibid.）なのである。救済の現実から救済の神話が生み出されるのであって、ブルトマンの主張とは違って、救済の神話から救済の現実が可能にされるのではない。ブルトマンはこのように、ブルトマンの非神話化の帰結として、神話の「非ケリュグマ化 Entkerygmatisierung」を導くのである。

3　ブーリとヤスパース

(1) ブーリの実存の神学

ブーリはシュヴァイツァーの非終末論化とブルトマンの非神話化を徹底する。それが非ケリュグマ化である。ブーリはこの非ケリュグマ化によって、「キリスト論的な神学」(TE 35) とはことなる「実存の神学」を展開することができる。その結実が『実存の神学』(一九五四年) である。「超在への関係が」――仲保者キリストなしに――「直接的だということを実存の根源的な理解は知っている」(TE 26) ので、「キリストにおける神の啓示に……実存にとっての神の啓示が取って代わる」(TE 35)。[138] 本節では始めに実存の神学の方法を、次いで実存の神学の展開を検討する。

実存の神学は、神話を実存の自己理解の象徴的な表現として理解し直す非ケリュグマ化によって、キリスト教神学の根本問題を、実存概念の規定から理解し直す (vgl. TER 160)。ブーリが挙げる実存概念の規定は次の三つにまとめられる (vgl. TER 159, TE 9 f.)。①実存は超在と関係している。②実存は超在によって贈り与えられる。③実存は歴史的である。キリスト教神学の根本問題はこれらの諸規定からどのように理解し直されるのであろうか。①と②に関しては、「そのような自己理解に基づいて、宗教的な教義の世界を実存の自己理解の表現形式として理解し直すことができ」（TE 9）、③に関しては、「自らが選択したのではないそうした自らの歴史性のために」、実存の神学は「キリスト教教義学の主要学説の究明という形で展開さ［れる］」（TE 32）。つまり実存の神学の方法とは、特に③の「実存の歴史性」という規定によって、宗教的な教義一般ではなく、他ならぬキリスト教の教義を、実存の自己理解の象徴的な表現として理解し直すことである。

次いで実存の神学の展開を検討したい。すなわち「キリスト教の教義」がどのように「実存の自己理解の象徴的な表現として理解し直さ」れるかである。本書は特にブーリにおける救済とキリストの関係に注目する。

だがまずそれに先立って、救済とキリストの関係についての伝統的な理解を見ておこう。「キリスト論の考察の大きな流れは神と人の仲保という考えに集中している」[139]と言われる。キリストは神と人の間で、神についての知識と神による救済を仲介する。それゆえキリストが救済に先行するのである。具体例として、改革派の基礎を築いたカルヴァンを取り上げたい（冒頭で述べたように、ブーリは改革派の神学者である）。カルヴァンはカテキズム的な著作『キリスト教綱要』の第二篇においてキリスト論について考察している。特に注目すべきは、「預言者」

と「祭司」、「王」という「キリストの三職」である。カルヴァンによると、旧約におけるこれら三つの仲保者職が新約においてはキリストにおいて統合されている。[140] キリストは「預言者」として神の言葉を伝え、「祭司」として神に自らを捧げ、「王」として教会を支える。カルヴァンにおいてはこのようにキリストは神と人の間の「唯一無比の通路」[141]であり、あくまでキリストが救済に先行するのである。

では、救済とキリストの関係についてのブーリの理解を見てみよう。すでに述べたように、ブーリによると、贈り与えられたものという性格の自覚としての自己理解こそが「救済の現実」にほかならず、それが表現されたものが「救済の神話」である。すなわち「実存はキリスト論に依存せずに、自らを恩寵として理解しうる」（TE 55）のである。「キリスト論は救済論の前提ではなく、むしろ救済論の神話的な具体化である」（TE 80）。[142] ブーリにおいては救済が、キリストに先行するのである。ブーリと同じく改革派に属するカール・バルトは、ブルトマンの非神話化を批判して、次のように書いている。

人間に対する神の救済行為についての新約聖書の証言も、人間の自己体験についての証言の形において、はじめて明瞭になると言うのか。ここにおいて新約聖書の秩序の逆転がなされたのではないのか。[143]

こうして新約聖書のキリスト中心的な秩序を人間中心的な秩序へ「逆転」したと批判されるブルトマンであるが、彼においてはイエス・キリストにおける神の救済行為についてのメッセージであるケリュグマ——「首尾一貫しないしかたでなおも固守される神話の残滓」——が残っていた。それに対してブーリは、神話を実存の自己理解の象徴的な表現として理解し直す非ケリュグマ化によって、その「逆転」を徹底したのである。（カール・バルトはこの逆転の徹底について、ある手紙において、次のように書いている。「ブルトマンがともかく着てはいた水泳着をもブーリは脱いでしまいました」[144]。）

この逆転はいわゆる「予定説」に関するブーリの理解にも見て取れる。「実存とは恩寵に選ばれていることだという理解を、私たちはむしろ、そうした［予定説という］神話的な補助的構成物なしに、直接的に実存の自己理解から獲得する」（TE 71）。

ブーリはこのように、イエス・キリストにおける神の救済行為に関する神話にではなく、贈り与えられたものという性格の自覚としての自己理解に基づく実存の神学を展開した。すなわち「出発点であり、出発点でありつづけるのは、実存の自己理解である」（TER 167）のである。

（2）相互的な影響関係

ブーリによれば、「非神話化を非ケリュグマ化としてこのように終わりまでもたらすこと」（EE 98）こそが、「今日そもそもなおキリスト教神学が可能な道である」（ibid.）。なぜならばそこでは、もはや信じえないものを、無理に信じ込まなくてもよいからである。贈り与えられたものという性格の自覚は、神話的な表象なしに、誰にとっても可能である。ブーリは、この人間一般に経験可能な自己理解に基づいてキリスト教の神話が理解されうると主張することによって、キリスト教信仰を人間一般に遂行可能な信仰として捉え直す。なるほど「実存の信仰は神話を実存理解として理解し利用することができる」(TE 46) が、それを必ずしも前提しなくてもよい。なぜならば贈り与えられたものという性格の自覚は「直接的に実存の自己理解から獲得される」(TE 71) からである。

ブーリは、非ケリュグマ化や実存の神学というプログラムの構想に際して、ヤスパースから「実存」と「暗号」というコンセプトを受け継ぐ。ヤスパースは「実存」を、「自己自身に関わり、そのことにおいて、自らの超在に関わる」(I 15) と規定する。ブーリによれば、超在への関わりは、私は超在によって贈り与えられたものだというように自覚され、様々に暗号化される。ブーリはこのように、超在の暗号を、超在に関わる実存の自己理解の表現と見なす。つまり、ホメルの言葉を借りるならば、「実存の、暗号化された自己理解」[145]である。ヤスパースは暗号概念をもって、人間や世界という現実が科学的思考によっては汲み尽くされえないということを示そうとするのであるから、彼においては暗号は実存の自己理解の表現に限定されない。ブーリはしかし、あらゆるものを自己理解に由来させる実存の神学という立場に立って、そうした独特な暗号理解をおこなう。

ブーリはこのように、実存の自己理解を信仰概念の中心に置くことによって、ブルトマンとは違って、キリスト教信仰と哲学的信仰の同一性を主張することができる。「私たちの実存の神学と、同一の実存という概念に基づく哲学との間には、原理的に差異はない。実存の神学と実存の哲学は、自らの共通の出発点を、……超在へと関係する本来的な自己存在としての実存の現実性において持つ」（TE 28）。

ヤスパースもまたブルトマンとの論争において次のように書いている。「こんにちなお一般的に通用する神学を考えるにあたって、ブーリは勇気をもって、ブルトマンの非神話化の帰結を引き出した」（FE 72）。[146] 彼の念頭にあるのはブーリの非ケリュグマ化論文である。ザーナーも言うように、ヤスパースはブーリの非ケリュグマ化を高く評価したのみならず、それに影響を受けてブルトマンとの論争を始めた。[147]「神学と哲学はひとつになるかもしれない」（FE 75）という言葉も、ヤスパースのブーリへの期待から来ていると言えよう。[148]

4　ブーリの再ケリュグマ化

（1）実存の自己理解から信仰の歴史性へ

ブーリは『教義学』において、信仰を以下のように定義している。「信仰とは、自らを真理として啓示する超在へ、自らがおのれの歴史性において関わることを知るような、自己理解である Glaube ist ein personales Selbstverständnis, das sich in seiner Geschichtlichkeit auf Transzendenz bezogen weiß, die sich ihm als Wahrheit offenbart」（DSI 134）。ここでは、信仰の要素として、次の四つが挙げられている。「真理」、「超在への関係」、「歴史性」、「自己理解」である。その四つの要素のうち、「信仰の歴史性」が中心的である。「生きた信仰は、けっして無から始まるのではなく、……豊富なヴィジョンや歴史から始まる」（DSI 255）。歴史性は伝承や伝統であって、それには神話や象徴も含まれる。ブーリによれば、常にある特定の歴史性の中でのみ、しかもある特定の信仰が可能である。

非ケリュグマ化論文においては、人間一般に経験可能な自己理解から人間一般に遂行可能な信仰が導き出され、キリスト教信仰もそのひとつの現象と見なされた。贈り与えられたものという性格の自覚としての自己理解に基づいて、キリスト教の神話が理解されうるとされた。それに対し『教義学』では、信仰の歴史性が強調されることによって、そうした神話を含むキリスト教の歴史性の中でのみ、しかもキリスト教信仰が可能であるとされる。ここでのブーリによれば、一般的な信仰は考えられない。

非ケリュグマ化論文においては実存の自己理解が信仰概念の中心であったのに対して、ここでは信仰の歴史性がそれに取って変わった。すなわち実存の自己理解が信仰の歴史性に包含されたのである。コンラートは次のように書いている。「キリスト教信仰の自己理解としての教義学というプログラムの新しいものは、「自己理解」という概念にあるのではなく、自己理解をキリスト教信仰へ強調的に方向づけることである」[149]。『キリスト教信仰の自己理解としての教義学』においては、そのタイトルが示すように、キリスト教信仰が何であるかということがテーマのひとつである。この著は一種のキリスト教弁証論にほかならず、キリスト教信仰を他の信仰から区別する信仰の歴史性がクローズアップされる。

私たちはここにブーリの転回を見ることができる。すなわちそれは、自己理解に基づき神話が理解されうるという立場から、神話によって自己理解が可能になるという立場への逆行であり、いわば、再ケリュグマ化と呼べるものである。[150] なるほどここでも、ブルトマンとは違って、〈贈り与える神の客観的な救済行為〉が〈贈り与えられる実存の主体的な自己理解〉の外に置かれるわけではない。しかしここでは、単なる「贈り与えられたもの」という自己理解に代わって、ほかならぬ「キリスト教的伝承に立つキリスト教的実存」（GG 93）という自己理解が前景に出てくる。

こうして、かつてキリスト教信仰と哲学的信仰の同一性を主張したそのブーリが、いまやそれらの「分離」（DSI 39）について論じる。「キリスト教教義学が、おのれの信仰の伝承において、その多様性にもかかわらず、イエス・キリストにおける神の啓示についての一なるメッセージに関する一方で、哲学は、唯一つの起源やその歴史へのこの方向づけを、制限や貧しさと感じる。なにゆえにこの一面化が?· なんのためにこの排他性が?·」（Ibid.）[151] 冒頭で引用したようにヤスパースは一九六三年に、「あなたがさしあたりは歩んだ道を私はさらに進みました。

……その歩まれた道があなたによってさらに進まれるということはありませんでした」と書き送った[152]。ブーリの再ケリュグマ化がその背景にあったのであり、それが彼らの決別の原因になったと考えることができる。かつては、キリスト教信仰を一般的な信仰として捉え直したブーリは、ここでは、「キリスト教信仰の実体」について語る。この実体が与えられるのは、キリスト教信仰が「一般的・宗教的なものに解消されえない」（SCG 5）ところ、つまりキリスト教信仰の歴史性の中でなのである[153]。

(2) キリスト教信仰と哲学的信仰

ヤスパースもブーリと同様に信仰の歴史性を強調するが、彼らの「歴史性」概念には大きな違いがある。ブーリにおける歴史性は、その中で信仰が遂行されるところの特定の伝承や伝統を意味する。それに対してヤスパースにおける歴史性は、そうしたものによってインスピレーションを与えられはするが、そうしたものに還元されえない主体的な信仰の歴史的一回性のことである。ブーリはヤスパースの歴史性概念について、次のように書いている。「実存の歴史性は、そのつどあらたに自らの責任で、何が自らにとって基準を与え方向を指し示すものであるかを決断しなければならない。そしてそれは、さらに続く問いの閉鎖不能なプロセスにおいてである」（PGOG 209 f.）。なるほどヤスパースは、人間の「限界状況」の一つとして、人間がある時と処で生きざるをえないという「歴史的規定性」（II 210 ff.）を挙げている。しかしやはり、いわば客観的な自らの歴史的規定性を、いかに主体的に引き受けるかということに主眼が置かれている。

このことから両者の「暗号」概念の違いも結果する。ブーリの暗号は共同体において神話や象徴として保存されうる客観的なものであるのに対し、ヤスパースの暗号は個々人によって歴史的一回的にのみ解読されうる主体的なものである。ブーリにおいては暗号は固定化されうるものであるから、彼は暗号の「適切さ Sachgemäßigkeit」を問いうる。[154] ここでの「適切さ」とは、事柄 Sache をふさわしく gemäß 表現しているかどうかということである。すでに述べたようにブーリにおいては暗号とは超在に関わる実存の自己理解が表現されたものであるが、それが保存されうるならば、暗号が自己理解を適切に表現しているかどうかを後からいわば客観的に確認しうる。ヤスパースにおける暗号は保存されえないものであるから、そうした客観的な確認はしえない。

非ケリュグマ化論文においては、キリスト教信仰は、一般的な信仰として捉え直された。それが、『教義学』になると、そもそも信仰とは、ある特定の歴史性の中でのみある特定の信仰として存在することができるとされる。この転回は『教義学』における信仰の歴史性のクローズアップのひとつの帰結である。ブーリによればこの歴史性というものよって、キリスト教信仰は、「哲学的信仰という単なる可能性の中で浮遊したままであることから守ら［れる］」（DSI 42）。

　これはヤスパースの哲学的信仰への批判にほかならない。ブーリによれば、哲学的信仰は特定の歴史性に依存しないがゆえに具体的な内実を欠いている。すでに引用したようにブーリはヤスパースにおける歴史性について、それが「さらに続く問いの閉鎖不能なプロセスにおいて」あると書いているが、それは――次章でも見るように――哲学的信仰が空虚なものに陥るという危険性の指摘である。「暗号解読の終わりのなさは、結局のところ暗号をけっして決定的、拘束的に表現せず、その意図に反して超在の言葉の決定的性格と拘束的性格を脅かすのではないか」（TJH 80）。[155]

　反対に、ヤスパースのブーリ批判としては、前章で見たブルトマン批判がそのまま当たるであろう。「神の語りかけは新約聖書の言葉に、それゆえひとつのまったく固定化された客観性に、結びついている」（FE 106）。なるほどブーリは、キリスト教信仰を他の信仰と並ぶひとつの信仰と見なしたという点では、キリスト教信仰の排他的な絶対性を固守するわけではない。しかしブーリは、すでに述べたように、暗号の適切さを問題にすることができる。それゆえキリスト教の暗号について――実際には転回以前からではあるのだが――、「そうした象徴力あるものとしては他では殆ど見いだされえない」（EE 56）や、「強さの点で殆ど凌駕されえない表現」（TE 91）などと言う。すなわちキリスト教の暗号を、排他的な「唯一のもの einzig」（CGH 117）ではないが、優越的な「比類ないもの einzigartig」（ibid.）であると主張するのである。すべての「近くの神」（III 122）を突破し隠れた「遠くの神」（ibid.）を眼差すヤスパースにとっ

てはそれはあまりにも不十分であり、ブルトマンへの逆行と見なされたと言えよう。(156)

＊シュヴァイツァー、ブーリの著作の略号

BC　Buri: *Der Buddha-Christus als der Herr des wahren Selbst. Die Religionsphilosophie der Kyoto-Schule und das Christentum*. Bern / Stuttgart (Paul Haupt) 1982.

CGH　Buri: „Christus gestern und heute“ In: *Schweizerische Theologische Umschau*. Jg. 18. Bern (Bücher & Co.) 1948, S. 97-117.

CP　Buri: „Christliche Lehre und philosophischer Glaube“ In: Ders.: *Zur Theologie der Verantwortung*. Bern / Stuttgart (Paul Haupt) 1971, S. 34-38.

DD2　Buri: *Dogmatik im Dialog. Bd. 2: Theologie-Offenbarung-Gotteserkenntnis* (zus. Jan Milič Lochman / Heinrich Ott). Gütersloh (Gütersloher Verlagshaus Gerd Mohn) 1974.

EE　Buri: „Entmythologisierung oder Entkerygmatisierung der Theologie?“ In: Ders.: *Zur Theologie der Verantwortung*. Bern / Stuttgart (Paul Haupt) 1971, S. 39-56.

GW　Schweitzer: *Gesammelte Werke in fünf Bänden*. Zürich (C.H. Beck) 1974.

KJ　Buri: „Karl Jaspers – ein Lehrer der Kirche“ In: Ders.: *Zur Theologie der Verantwortung*. Bern / Stuttgart (Paul Haupt) 1971, S. 62-70.

MW　Buri: *Mein Weg*. Basel, Privatdruck, 1987.

PGOG　Buri: „Philosophischer Glaube und Offenbarungsglaube im Denken von Karl Jaspers“ In:

Theologische Zeitschrift. Jg. 39. Basel (Friedrich Reinhardt) 1983, S. 204-226.

SB　Schweitzer / Buri: *Existenzphilosophie und Christentum. Briefe 1935-1964*. München (C.H. Beck) 2000.

SCG　Buri: *Die Substanz des christlichen Glaubens. Ihr Verlust und ihre Neugewinnung. Eine Besinnung im Blick auf Gerhard Szczesnys „Die Zukunft des Unglaubens"*. Tübingen (J.C.B. Mohr) 1960.

SJ　Buri: *Albert Schweitzer und Karl Jaspers*. Zürich (Altemis) 1950.

TE　Buri: *Theologie der Existenz*. Bern / Stuttgart (Paul Haupt) 1954.

TER　Buri: „Theologie der Existenz" (Referat) In: Ders.: *Zur Theologie der Verantwortung*. Bern / Stuttgart (Paul Haupt) 1971, S. 159-168.

TP　Buri: „Theologie und Philosophie" In: *Theologische Zeitschrift*. Jg. 8. Basel (Friedrich Reinhardt) 1952, S. 116-134.

第6章　パウル・ティリッヒ

一八八〇年代生まれの二人の思想家、パウル・ティリッヒ（一八八六―一九六五）とカール・ヤスパースの間には、多くの共通点が見られる。しかし両者の間には、思想的にも個人的にも交流がなかった。それに呼応してか、両者の関係を主題的に論じた研究は少ない。

こうした状況も鑑みて、ヤスパース研究者の立場からではあるが、両者の関係について考察したい。本章の主題は、哲学と宗教の境界に哲学の側から立つヤスパースと、そこに宗教の側から立つティリッヒの間の「近さの中の遠さ」である。

1　プロテスタント原理

(1)　ティリッヒのプロテスタント原理

ティリッヒの「信仰」概念と「宗教」概念は、シュスラーによれば、以下のように定義され区別されうる。「信仰とは……私たちに無制約的に関わるものによって捉えられていることであり、宗教とは……信仰の行為の中で経験されたものの表現である」[157]。この区別から「宗教の二義性」[158]が導出される。ティィリッヒによれば、「宗教は神と関わる。……しかし、宗教を神は超える」[159]。このように宗教の二義性とは、すべての宗教は、神の自体でないという点では「俗」であり、神の表現であるという点では「聖」である、ということである。「ただ神のみが聖であるゆえ、どの教会も教義も聖人も制度も儀式もそれ自体では聖でないゆえ、どの人間もどの物事もどの集団も、それ自体では俗であり、神の聖性の一つの象徴になるかぎりでのみ聖である」[160]。

ティィリッヒによれば、プロテスタンティズムとは、この宗教の二義性の再発見である[161]。――一方で、すべての宗教は神の自体でないという点では「俗」である。「宗教改革者たちは、宗教が自らを神的なものの……確固な代表と見なす……自己肯定に対して抗議した」[162]。この抗議は、「宗教的な特殊領域の否定」[163]である。ティィリッヒはそれを「宗教の終わり」[164]とも表現するが、つまり、なにごとをも聖なるものとして特権化しない、ということである。端的に言えば、「徹底的な信徒主義」[165]である。――他方で、すべての宗教は神の表現であるという点では「聖」である。そしてこのことは、宗教的な特殊領域の否定からして、そもそもすべてのものは聖でありうる、ということである。「どの現実の一部も、聖なるものの担い手となる可能性からは除外されていない」[166]。つまり、宗教的な特殊領域の否定は、たんなる「宗教の自己否定」[167]ではなく、同時に、「世俗的領域の価値と宗教的意味」[168]を新たに見いだすことでもある。徹底的な信徒主義は、同時に、「全信徒祭司性」[169]でもある。つまりプロテスタンティズムとは「聖と俗の対立の止揚」[170]である。

宗教的な特殊領域の設定は、聖を対象的に境界づけることによって[171]、聖を「諸対象の中の一対象」[172]としてしまう。聖は、俗と並び立っているのではなく、俗の「深み」[173]から俗を「横切って queer」[174]現象してくる。それゆえ私たちは、聖と俗の対立の止揚によって聖をその対象化から守り、俗のただ中で聖を見いださなければならない。

つまりティリッヒが「対象的な神概念に対する抗議はプロテスタント的な批判の主要な課題である」[175]と言っているように、プロテスタンティズムとは神の対象的な理解に対する抗議であり、それが「プロテスタント原理」なのである。

もちろんティリッヒは、実在するプロテスタンティズムと理念的なプロテスタント原理を区別する[176]。プロテスタンティズムは、「自らの原理を自覚しつつ、無制約的なものとして、固定化した形態から自由になり、真理がすべての人間的な固定化を超越し、聖書の中のそれさえ超越することを認識し」[177]なければならない。

(2) ヤスパースのプロテスタント原理

第2章で見たように、ヤスパースは聖書解釈に際して、「両極性」という概念を提示する。

「好戦的な意欲と無抵抗に耐え忍ぶ恭順、民族思想と人類思想、多神論と一神論、聖職者の宗教と預言者の宗教が自らの正しさを証明する」（GLO 494）。つまり聖書とは本質的に両極的である。「聖書宗教の信仰は一面的固定化の中では真であり続けることができない。それは、矛盾するものと両極的なものの中で把握されなければならない」（BR 409）。

　そして、このことは、ヤスパースの次の真理理解に基づいている。「全的で完全で純粋な真理はどこにも存在しない。なぜならばそれは、人間の言語の命題の中には、あるいは人間の生の特定の形姿の中には、存在することができないからである」（BR 410）。つまり、真理はけっして対象化されえない、ということである。彼が聖書の両極性の一方の極への固定化を批判するのは、それが真理の対象化であり、神の対象的な理解だからである。

　その上でヤスパースは述べている。「聖書宗教の歴史には再三再四生じる根源への回帰が属している。……この種の最後の大きな出来事がプロテスタンティズムの宗教改革であった」（GLO 510 f.）。このようにヤスパースは、宗教改革を、聖書の両極性の一方の極への固定化によって生じた、「非真理から根源へと向かう最後の大きな突破の試み」（GLO 511）と見なしたわけである。

　そしてヤスパースもまた、実在するプロテスタンティズムと理念的なプロテスタント原理を区別する。「プロテスタントの宗派ではなく、プロテスタントの原理が、伝統的形式から根源への回帰である」（GLO 497）。

（3）両者の比較

以上に見てきたように、プロテスタント原理は、ティリッヒによれば「すべての歴史的な現れを批判し変革する力」[178]であり、ヤスパースによれば「伝統的形式から根源への回帰」である。例えばヘルテルは、ティリッヒとヤスパースの信仰概念に関するモノグラフにおいて、「信仰の根源性を見守り、信仰を偶像的なものへの逸脱から守ることを課題とするプロテスタント原理」[179]の徹底を要請する点に、両者の近さを見ている。プロテスタント原理とは、「信仰の根拠によって担われた意識」[180]とも、「世界の側からけっして満たされない無制約的なものと一なるものへ向かう情熱」[181]とも言えよう。そして、そうした原理をおのれの理念とするプロテスタンティズムは、ティリッヒにとってもヤスパースにとっても、神の対象的な理解に対する抗議なのである。

2　象徴論

（1）ティリッヒの象徴論

ティリッヒによれば、「どの現実の一部も、聖なるものの担い手となる可能性からは除外されていない」。神の対象的な理解に対する抗議と、象徴論は、表裏をなす。

ティリッヒは、「自らの象徴理解をもって、宗教的事物の直解的な buchstäblich 理解と闘った」[182]。言葉の意味を文字通り理解する直解主義では、「神話と象徴が文字通り wörtlich 受け取られる。……おのれ自身を超えてなにものかを指し示す象徴の本質が誤認される」[183]。ティリッヒによれば、「キリスト教は神を神として承認し、どの種類の偶像崇拝も拒絶するという第一戒に基づいている」[184]。それに対して、「象徴を文字通り理解する信仰は偶像崇拝となる」[185]。

ティリッヒはこう主張した上で、象徴の真理性の基準を問う。「無制約的に捉えられていること［である信仰］は、その無制約性を否定できない」[186]。ティリッヒによれば、信仰は直接に経験と結びつく「神秘的アプリオリ」[187]であり、信仰はそれ自体としては否定されえない。それゆえ「むしろ問いは、無数の信仰の象徴の中で、どれが信仰の意味をもっとも適切に表現しているかである」[188]。

その上でティリッヒは、宗教的事物の直解的理解を批判する立場から、「無制約的なもののいずれの象徴が、偶像的な要素を持つことなく、絶対的なものを表現しているのか」[189]と問う。それゆえに象徴の真理性の基準として、象徴が無制約的なものを表現しているかだけでなく、同時に、「自己批判の要素を含んでいるかという点」[190]を挙げる。「たんに無制約的なものを表現するだけでなく、おのれの究極性の欠如をも表現する信仰の象徴がもっとも真理に近い」[191]。こうした象徴こそはじめて、まったき仕方で、「自らが指し示すものに対して透明 *transparent* となり」[192]、それを指し示すことができる。

ティリッヒはこうした基準を立てた上で次のように言う。「キリスト教はキリストの十字架においてそうした象徴を持っている。……キリストとしてのイエスのいかなる肯定も、同時に十字架に架けられた者としてのイエスの否定を含まなければ、偶像崇拝である」[193]。ティリッヒはすなわち、キリストとしてのイエスが、同時に十字架に架けられた者としてのイエスであるという「キリスト論的逆説」を持ちだすのである。つまりキリストの十字架がもっとも真理に近い象徴である。キリストの十字架は、自らを否定することによって自らを越えるものを指し示す。ここでティリッヒによって、イエスの言葉が引用される。[194]「わたしを信じる者は、わたしを信じるのではなくて、わたしを遣わされた方を信じる」（ヨハネによる福音書一二章四四節）。

（2）ヤスパースの象徴論

ティリッヒと同様、ヤスパースにおいても、神の対象的な理解に対する抗議と、象徴論は、表裏を成す。

ヤスパースによれば（vgl. III 129 ff.）、超在は個々人によってそのつど経験されるほかない。しかしこの経験はある種の一般化によって象徴的に表現される。この象徴的表現は「暗号」と呼ばれる。

超在の直接経験は暗号化されることによって、経験した者によってもはじめて理解されて、他者に伝達される。しかしこうした理解は、いわば超在の言葉を人間の言葉によって表現することであるから、結局は非対象的なものを対象化することである。

しかしながらヤスパースは、こうした通常の暗号のほかに、「挫折の暗号」（III 218）についても論じている。それは暗号として「解釈不能な挫折」（III 233）である。例えば最愛の人の死。――「神々にとって愛しいものを彼らは早々と世界から奪うのだという思想において私が存在［＝神］と没落を結びつけるならば、実存は抵抗する」（III 223）。

ところがティリッヒが「どの現実の一部も、聖なるものの担い手となる可能性からは除外されていない」と書くように、ヤスパースも「暗号でありえないものは存在しない」（III 168）と述べている。それに加えて、ティリッヒがキリスト論的逆説を持ちだしたように、ヤスパースによればそうした暗号として解釈不能な挫折こそが逆説的な仕方で「超在の決定的な暗号」（III 219）となりうるとされる。暗号として解釈不能な挫折は「意味」を持つものとしては把握されえないので、その挫折において「無意味」に直面する。しかし、「挫折の中で開示される非存在が、超在の存在である」（III 234）。解釈不能な挫折においては、私たちにとっては「沈黙だけが可能である」（III 233）。しかしこの沈黙の中で、私たちは超在に触れうる。

対象的なものが無化され「透明 *transparent*」となることによって、その背後の非対象的なものが垣間見える（vgl. III 130）。「私たちは突き進み、暗号を越え出、深みへとあるいは高みへと到達する。そこではすべての暗号の言葉さえも止み、超在が無知の知において、すなわちかの充実された沈黙において触れられる」（GLO 195）。

（3）両者の比較

以上のように、ティリッヒは「どの現実の一部も、聖なるものの担い手となる可能性からは除外されていない」と書き、ヤスパースは「暗号でありえないものは存在しない」と言う。そして両者ともに、様々な象徴の中で、自らを否定することによって自らを越えるものを指し示す象徴を決定的な象徴と見る。

しかしながら、ティリッヒがキリストの十字架がもっとも真理に近い象徴であるとして、それを決定的象徴として特権化する一方で、ヤスパースは特定の暗号の特権化をおこなわない。ヤスパースは以下のように述べている。「人間としてのイエスは、人間存在の一つの暗号である。この暗号は語る、――イエスのように制限なく生きて、考え、真である者は、人間によって死ななければならない、なぜならば不実な人間存在の現実が、その者に耐えられないからである、と」（GLO 501）。ヤスパースにとってイエスは、たしかに「真なる人間の挫折の暗号」（ibid.）であるが、特権的な暗号ではない。

ティリッヒによれば、象徴は共同体的なものである。象徴の特徴の一つは、共同体による「承認」[195]である。それゆえティリッヒは、キリストの十字架をキリスト教共同体によって承認されているものとして挙げることができる。それに対してヤスパースが言う暗号は、その内容を個々人によってそのつど解読されるほかない。それゆえヤスパースの暗号論は、特定の暗号を挙げることができない、形式的なものに留まらざるをえない。

以上のように、プロテスタンティズムの理解と、象徴論の点での、ヤスパースとティリッヒの間の「近さ」と、決定的、特権的な象徴を認めるかの点で、ヤスパースとティリッヒの間の近さの中の「遠さ」を見た。その遠さは端的に言えばイエス理解の違いである。

＊

ティリッヒの象徴論は、決定的な点で――すなわち宗教的象徴の真理についての問いの点で――キリスト論的な逆説によって本質的に形作られているように思われる。逆にキリスト論的な逆説がその一般的な基準にたまたま当てはまったかのように、ティリッヒがよく見せかけるとしても、そうなのである。[196]

一方でヤスパースは、「プロテスタンティズムは、最後にはイエス・キリストでの神の人間化の否認にいたらざるをえない」と言う。そのようなヤスパースからすれば、ティリッヒは、キリストの十字架がもっとも真理に近い象徴であるとする点で、次のように批判されるはずである。それは、「すべての歴史的な現れを批判し変革する力」としてのプロテスタント原理を掲げながら、あくまでイエス・キリストでの神の人間化という歴史的な現れに固着し、プロテスタント原理を徹底していない、という批判である。

しかし逆にティリッヒからすれば、ヤスパースの象徴論は、特定の暗号を挙げることができない、形式的なものに留まらざるをえないという点で、次のように批判されるはずである。「プロテスタント的な態度に存する危険は、……自らの宗教的な性格の否定だけが強調されることである。自己批判は完全な空虚にいたりかねない。永遠の抗議はすべての具体的な内容の排除にいたりかねない」(197)。実際にシュスラーもまた、この言葉を引きながら、「ヤスパースは明らかにこの危険に屈した」(198)と書いている。ティリッヒも、ヤスパースと取り組んでいたとしたら、カール・バルトとともに「内容なき、実りなき、根本的にひどく退屈な、かの超在」(199)という批判を、ヤスパースに投げかけたであろう。

第7章　ハインリヒ・バルト

「バルト」と聞けば、――本書でもたびたび言及してきたが――二〇世紀最大のプロテスタント神学者のひとり、カール・バルト（一八八六―一九六八）のことだと思うであろう。だが本章では、カール・バルトの「忘れられた弟」[200]、ハインリヒ・バルトを取り上げる。ハインリヒはカールに遅れること四年、一八九〇年にベルンに生まれ、マールブルク学派のコーエンとナトルプの下で学び[201]、一九五〇年にバーゼル大学の哲学第一講座正教授に就任した。一九六五年、当地にて没。

ハインリヒ・バルトの一九一三年の博士学位論文は『デカルトによる認識の根拠づけ』[202]であり、一九二一年の教授資格論文は『プラトンの哲学における魂』[203]である。ここではそれらの詳論はできないが、いずれも新カント学派的な内容を持っている。ハインリヒ・バルトはマールブルク学派の哲学を土台として、一九二〇年代の後半から実存哲学に近づいたのである。

マールブルク学派の哲学から実存の哲学への移行期、一九一九年のアーラウ講演「神認識」[204]では、「神認識は同時に生認識である」[205]と言われているように、神認識と人間の自己認識の関係が論じられている。ここには改革派という彼の出自が見られるが（「神の認識と自己認識は結び合っている」カルヴァン）[206]、この講演は同時に、いわゆる弁証法神学の出現と展開に多大な影響を及ぼした。「神的なものをその純粋性において認識したいならば、［自然の］原理的な否定がなされなければならない」[207]。カール・バルト自身も「ハイナー［＝ハインリヒ］の講演は私にとって、神の国という絶対他者 totaliter aliter をさらに強力に視野に収める動機となりました」[208]と述べているように、この講演が、「時間と永遠との「無限の質的差異」」[209]を体系とするカール・バルトの『ローマ書』第二版にとって大きな意味を持ったのである。

このようにハインリヒ・バルトは二〇世紀ドイツ語圏のプロテスタント思想史において大きな痕跡を残した。しかし、日本では邦訳のみならず、管見の限り二次文献も皆無である。また、近年の「新カント学派ルネサンス」によって、ドイツ語圏ではハインリヒ・バルトにも注目が集まりつつあるが、彼の実存哲学に関する研究は少ない。

始めに第1節で一九四二年の論文「実存の哲学」[210]と一九五一／五二年冬学期講義『実存の哲学の概説』[211]、没後の一九六五年に刊行された大著『実存の認識』[212]を主に用いて、ハインリヒ・バルトにおける「実存」概念と「実存の哲学」を検討する。次いで第2節で一九五二年の論文「真正の実存主義と誤った実存主義」[213]および一九五三年の論文「信仰の真理へと関わる実存の哲学の根本諸性格」[214]を主に用いて、ハインリヒ・バルトにおける哲学と信仰の関係を考察する。

最後に第3節で一九五〇年の論文「カール・ヤスパースにおける信仰と歴史」[215]および近年公刊された『カール・ヤスパース書簡集』[216]所収のハインリヒ・バルトとヤスパースの書簡を参照しつつ、両者の関係を明らかにする。

カール・バルトは『教会教義学』においてヤスパースを批判し[217]、ヤスパースは『啓示に直面する哲学的信仰』においてそれに応答している（PGO 174 ff.）。彼ら、神学者と哲学者の対立は、前者の「キリスト論的集中」のゆえに、また、後者がイエスを唯一のキリスト、すなわち神への媒介と認めないがゆえに、深く断絶している。彼ら、神学者と哲学者の間に、いわば両者の中間に立つキリスト教的哲学者ハインリヒ・バルトを介在させることによって、神学ないしは信仰と哲学との深い断絶を、いささかなりとも中立的な観点から検討することができるであろう。

1　ハインリヒ・バルトにおける「実存」概念と「実存の哲学」

（1）実存の二つの性格――「現象へと踏み入ること」と「認識」

実存哲学一般においてそう言われるように[218]、ハインリヒ・バルトも「実存は……けっして対象的になりえない」と述べている[219]。「というのも、実存は「事柄 Sache」ではなく、……「行為的事柄 Tat-Sache」だからである」[220]。ハインリヒ・バルトは「実存 Existenz」の「実存すること

Existieren」という動性を強調する。[221] そしてその動性を踏まえ、実存を「現象へと踏み入ること In-die-Erscheinung-Treten」[222] と表現する。「もの Sache」のような「現象から切り離された実存的な内的世界は存在しない」[223]。では一体、「現象へと踏み入ること」とはいかなることであろうか。ハインリヒ・バルトはキルケゴールから「決断」概念を受け継ぐ。人間は「自らの前に存する生の諸可能性の中で決断する」[224]。人間は一つの可能性を選び、現実化することによって、外的世界へと踏み入るのである。

ハインリヒ・バルトは決断を動機づけるものとして「認識」を挙げる。決断とは、「目前に存する諸可能性の中の最良の可能性の認識である」[225]。最良の可能性の認識とは、その可能性が「現実的になるべきであること」[226] の認識であり、理論的な認識ではなく、「実存的な認識」[227] である。「私たちにとって実存は認識の一様相として明らかになる」[228]。以上のように、ハインリヒ・バルトにおける実存とは、当為の認識に動機づけられ、そのあるべき可能性の現実化を決断することによって外的世界へと踏み入る、つまり出来するのである。

（2）超越論的な哲学としての実存の哲学

実存は、「べき Sollen」――「あるべきであるもの Sein-Sollendes」[229] や「あるべきであること Sein-Sollen」[230] ――の認識に動機づけられる。「実存的な認識は「善」に自らの基準と規範を見いだす」[231]。ハインリヒ・バルトにおいて実存的な「真理」とは、プラトン的な「善のイデア」である[232]。

善のイデアは実存的な認識、つまり実存を動機づけ、「根拠づけ」[233]、「義務づける」[234]。ここで、ハインリヒ・バルトがマールブルク学派の哲学を土台としていることを思い出したい。彼は善のイデアを、実存を根拠づけるものとして、「超越論的なもの」と呼ぶ[235]。すなわちハインリヒ・バルトにおいて「実存の哲学は超越論的な哲学となる」[236]のである。

ただし新カント学派出身のこの哲学者は、「超越論的 transzendental」という概念を、カント的な意味からのみならず、「超越カテゴリー Transzendentalien」というスコラ的、キリスト教的な学説からも理解する[237]。超越カテゴリーとは、「一」や「真」、「善」といった[238]、存在それ自体の根本諸規定である[239]。すなわち善という超越論的なものは、ハインリヒ・バルトにおいては、存在それ自体、つまり「超在 Transzendenz」の一つの規定にほかならない[240]。この点でハインリヒ・バルトの実存の哲学はキリスト教的な性格を持つと言えるのである。

> 疑いえないのは、私たちの思想の歩みが、カント前の形而上学の根本諸立場、特に……哲学的神論の根本諸規定に近づいたということである[241]。

ハインリヒ・バルトにおける「超在」は「神」として表象され、この神によって——先に述べたように——実存は動機づけられ、義務づけられる。彼はこうした事態を、人間は善へと召命されaufgerufen、[242]天命されberufen、[243]「応答＝責任Verantwortungの中で実存する」[244]と表現する。「あらゆる文化的な実存は、その実存に超在から贈り与えられた規定＝使命Bestimmungに依存している」[245]。ここにはハインリヒ・バルトのキリスト教的な宗教的意識が見られると言えるであろう。

2　ハインリヒ・バルトにおける哲学と信仰

（1）哲学に対する信仰の優位

以上では、ハインリヒ・バルトにおける「実存」概念と「実存の哲学」を、彼のキリスト教的な宗教的意識へと還元した。逆から見ると、彼の具体的な宗教的意識は、彼の哲学において、抽象的に説明されるのである。この点にハインリヒ・バルトにおける哲学と信仰の関係が見られる。すなわち信仰が「真理においてある in der Wahrheit sein」——真理を直接的、具体的に経験する——のに対して、哲学はその真理を「追考する nachdenken」のである[246]。

では、信仰的な具象と哲学的な抽象は、どのような関係にあるのか。ハインリヒ・バルトによると、両者は「類比的な」関係にある[247]。例えば聖書の言葉である「啓示」は、哲学の概念である「認識」の一様態として説明される。「「啓示」とは、聖書的な伝承に意義と射程を与える真理と意味内実が自らを認識させること *Sich-zu-erkennen-Geben* である」[248]。そして、ハインリヒ・バルトにおいて神として表象される当為が実存に自らを認識させ、そのあるべき可能性の現実化を決断させることによって、実存が出来するのであるから、――「あらゆる文化的な実存は、その実存に超在から贈り与えられた規定＝使命 Bestimmung に依存している」と言われたように――「恩寵」と「実存」は類比的に説明されるのである[249]。

聖書の言葉が直接的なリアリティを持っているのに対して[250]、哲学の概念はその追考にすぎない。「キリストにおける神の現象を哲学は発見しなかった」[251]。それゆえ「実存すること」に関して、哲学に対して信仰は常に先行しており、優位に立っているのである。

ハインリヒ・バルトは次のように書いている。「自由で開かれた精神がなすのは、……「言葉」を聴き取るために自らを開いておくことである」[252]。哲学に対して信仰は常に先行しており、「哲学固有の領域の外部にある」[253]ので、独断主義的に哲学は信仰を否定してはならない。ハインリヒ・バルトはこのように哲学にくぎをさすのである。

(2) 和解の言葉

前項で述べたように、ハインリヒ・バルトにおいては「言葉」が重要なテーマになる[254]。彼は言葉を三様態に区分する。第一は、存在するモノやコトに「関係する betreffend」言葉、つまり「語りだす aussprechend」言葉である[255]。私たちの日常的な言葉、記号的な言語がそれにあたるであろう。第二は、人間にその実存的な状況において出会い、人間を実存へと召命し、人間の実存的な存在が「襲われる betroffen」言葉、つまり「語りかける ansprechend」言葉である。(256) ハインリヒ・バルトによれば、預言者や使徒、聖書記者の言葉がそれである。ハインリヒ・バルトはここで、聖書の言葉の「意義 Bedeutung」という語を、ギリシア語にさかのぼって、「dynamis」、つまり「力 Kraft」として理解する。

「dynamis」として理解された「言葉」には、効力を現す力があると見なされる。……「言葉」の意義は古代の人々にとっては、人間の表現手段以上のものである。(257)

つまり、聖書の「語りかける」言葉の「意義」は、人間を実存へと召命する力を持っているのである。

さて、「言葉」の三様態の第三は、「啓示する offenbarend」言葉である。(258) すなわち「イエスという人間において現象へと踏み入った」(259) 言葉、つまり神自身がそれである。ハインリヒ・バルトは、一九四八年の論文「現象の哲学とキリスト教信仰」において、ヨハネの手紙一、一章一—二節の以下の箇所を引用する。(260)

初めからあったもの、わたしたちが聞いたもの、目で見たもの、よく見て、手で触れたものを伝えます。すなわち、命の言について——この命は現れました das Leben ist erschienen。

ハインリヒ・バルトは、聖書において神がerscheinenすると表現される箇所を集め、注意を促す。[261]

ハインリヒ・バルトは特に、コリントの信徒への手紙二、五章一九節に見られる「和解の言葉」としてのイエス・キリストに注目する。「和解Versöhnung」という語もギリシア語に遡って、「katallassein」、つまり「変化Wechsel」として理解される。[262] この「変化」とは、「人間の不正についての新しく、根底から変えられた見方の出現」[263]であり、「愛のまなざしにおいて不正が新たに見られる［こと］」[264]である。こうした和解＝変化において、「道徳的に怒る人が怒りの対象によってとらわれる［こと］」[265]から解放され、怒りが愛となる。しかし、ハインリヒ・バルトによると、こうした和解＝変化は「人間的な能力を超えており」[266]、「和解の言葉」としてのイエス・キリストの生と死と復活の「意義」、つまりその「力」によってなされる。

イエスの現象によって、使徒ペトロに、……イエスの実存の意義が生じた。それは、キリスト教的実存それ自体の照明にとって範例的な重みを獲得するにちがいない意義である。[267]

「範例的な重み」とはいかなることであろうか。ハインリヒ・バルトによると、哲学の概念に対して聖書の言葉は、「直接に語りかけるアクチュアリティの点で、また、投げ掛けられた問いと差し出された答えの徹底的な鋭さの点で、……はるかに優位に立っている」[268]。哲学が追考的で抽象的であるのに対して、信仰は直接的で具体的であるがゆえに、人間が現象へと踏み入り、あるべき可能性の現実化を決断することにとって、哲学に比べて、聖書の言葉は、はるかに生々しい力を持っている。――「範例的な重み」とは、このことを意味するのであろう。

3　ハインリヒ・バルトとカール・ヤスパース

以上のように、ハインリヒ・バルトにおける「実存」概念は、あるべき可能性の現実化を決断することによって外的世界へと踏み入ることであった。また、ハインリヒ・バルトにおける哲学に対する信仰の優位は、哲学が間接的であるのに対して、信仰は直接的である、つまり力を持っているということであった。以下では、ハインリヒ・バルトにおける、こうした実存の哲学に基づく、ヤスパースの「実存」理解と「啓示」理解とへの批判を見ていく。

(1) ヤスパースの「実存」理解への批判

ハインリヒ・バルトは、ヤスパースの「実存」理解を、どのように理解しているのであろうか。ハインリヒ・バルトによると、ヤスパースにおける「実存」概念は、「閉鎖的で」[269]「即自的な自己存在」[270]であり、「「実存照明」によってその構造が記述される」[271]。そして、ヤスパースは「フィヒテにおいて準備され、ヘーゲルにおいて完成を見た精神の哲学」[272]、つまり「思弁的観念論の後継者」[273]であるとされる。

先述のように、ハインリヒ・バルトによると、「現象から切り離された実存的な内的世界は存在せず」、実存とは「現象へと踏み入ること」である。それゆえその構造が記述されるような閉鎖的で即自的な自己存在として実存を理解することが批判されるのである。

「実存照明 Existenzerhellung」という術語が、ハインリヒ・バルトによって読み換えかれる。すなわち実存照明とは、実存を「照明する erhellen」ことではない。「実存が明るさ Helle の中で実存する」[274]ことであり、「実存自身が明るく hell なる」[275]ことであるとされる。

以上の批判に対してヤスパースは、ハインリヒ・バルト宛の書簡において反論している。ハインリヒ・バルトによって「思弁的観念論の後継者」とされたことに対して、「私は自らが図星を当てられたとは感じません」[276]と書き、「私は自らに「フィヒテ的観念論の精神」を認めません」[277]と書いている。

これらはハインリヒ・バルトの一九五〇年の論文「カール・ヤスパースにおける信仰と歴史」に対する反論であるが、一九四七年にはすでに、フィヒテと比較されることを拒絶している。それはバーゼルでの招待講演「哲学的信仰」の際のことである。ヤスパースはアーレント宛に次のように書いている。「「同僚」のハインリヒ・バルトが、……私が哲学史において最も親近感を持っているのはどこかと問い、私をフィヒテと比較しました！」[278]。

では一体、どちらの言い分が正しいのであろうか。ハインリヒ・バルトによって、ヤスパースは「図星を当てられた」のであろうか。

ヤスパースのよく知られた言葉、「人間であることは人間となることである」（Ei 72）に典型的に表現されているように、ヤスパースは――ハインリヒ・バルトと同様に――実存の動性を強調している。ヤスパースは――ハインリヒ・バルトがそう断定しているのとは違って――その構造が記述されるような閉鎖的で即自的な自己存在として実存を理解していない。それは、ヤスパースが「限界状況」や「交わり」といった様々な実存の符号 signa を用いて実存の生成を強調しているということからも、明らかであろう。ヤスパースの「実存」理解へのハインリヒ・バルトの理解は誤解であると言えよう。

（2）ヤスパースの「啓示」理解への批判

ハインリヒ・バルトは上記の論文「カール・ヤスパースにおける信仰と歴史」において、ヤスパースの「啓示」理解への批判もおこなっている。ハインリヒ・バルトは、ヤスパースが用いる「我が物化 Aneignung」という概念に着目する。ヤスパースによると、哲学史は学説の客観的な叙述ではない。「哲学史と取り組むことが意味を持つのは、……私たちが揺り動かされるときだけである」（WP 81）。哲学の学説はときには受け入れられ、ときには拒絶されて、そこでは実存の自己覚醒と自己理解がなされる。哲学の歴史への取り組みのこの過程が「我が物化」と呼ばれる。我が物化の根本態度は私たちに、「固有の実存の歴史的な深みによって導かれながら、あらゆる読み出し［Auslegungen ＝解釈］において生きうることと、いかなる読み出しによってもとらわれないこと」（VdW 182）を促す。――ハインリヒ・バルトはこのように、ヤスパースの『真理について』からの引用をおこなう。[279]

そしてハインリヒ・バルトはヤスパースの「啓示」理解を、そうした我が物化の根本態度には「「信仰告白」において教会に縛られた認識が対立している」[280]、とまとめる。ヤスパースの次の言葉が引用される。

共同体や律法、教義への服従に対して、ソクラテスやブルーノにおいて実現されているような自立的な哲学者の信仰告白は、自由や快活さ、平穏といった性格を持っている。（VdW 652）

それゆえハインリヒ・バルトによると、「明らかであるのは、［ヤスパースの］哲学が、これらの前提においては、「啓示」のようなものを拒絶しなければならないということである」[281]。

その上でハインリヒ・バルトは、では一体、ヤスパースの提唱する「基軸時代」はどうなのかと問う。「基軸時代」とは、紀元前八〇〇年から紀元前二〇〇年頃（より限定的には紀元前五〇〇年頃）の、様々な「哲人」が現れ、いわば人類が精神的に覚醒した時代である。ヤスパースはこの時代を歴史の中心に置くことによって、西暦元年を歴史の中心とするキリスト教的な歴史観を越えようとする。

ハインリヒ・バルトは次のようにヤスパースを批判する。

ヤスパースは世界史の「基軸」を知っている。……ある特定の歴史上の諸規定は、観念的な基軸としてのその周りを世界史が回るところの……かの領域によって排除される。[282]

ヤスパースはイエス・キリストにおける神の啓示を中心に置く排他的な歴史観を越えるために基軸時代を中心に置くが、それによって逆説的にそれ以外の時代を中心に置くことを排除する――そのことに対して排他的である――のではないか。ハインリヒ・バルトはこのようにヤスパースの自己矛盾を指摘するのである。

「自由で開かれた精神がなすのは、……「言葉」を聴き取るために自らを開いておくことである」。啓示は「哲学固有の領域の外部にあり」、独断主義的に哲学は啓示を否定してはならない。繰り返しになるが、ハインリヒ・バルトはこのように哲学に、ヤスパースを特に念頭に置いて、くぎをさすのである。

ヤスパースはハインリヒ・バルトの古希記念論集に寄稿した「キリスト教的啓示に直面する哲学的信仰」[283]において、「自由で開かれた精神がなすこと」、つまり「自らを開いておくこと」というハインリヒ・バルトの言葉に同意しつつ、留保を加える。「ただし付け加えられなければならない、自らを開いておくことは服従しながら聴き取ることではないのだと」（PGcO 24, vgl. PGO 499）。ヤスパースが危惧するように、啓示を聴き取ることは「服従しながら」なされるのではないか。

ハインリヒ・バルトはそれに対して否と言う。

> ［ここで聴き取られなければならないものを］理解する人たちは、その意義［Bedeutung＝力］が彼らにとってありありとなったところの特定の伝承を「啓示」という際立った概念の下に立てることを、できるようになるかもしれません。芸術において、特定の可能性に、「古典」という際立ったしるしを与えるように！　彼らはそのことを、自らの理解に基づいてなすのであり、理解に先んじてなすことはないのです。――これが啓示概念についての私の解釈です。[284]

ハインリヒ・バルトにとって啓示とは、人間が無条件に服従しなければならないものではなく、自らの理解に基づき受け入れうるものである。そしてハインリヒ・バルトはこうした「啓示」理解からして、ヤスパースの「啓示」理解が「あまりに教条的すぎる」[285]と批判するのである。

ヤスパースはそれに対して、ハインリヒ・バルト宛の書簡において反論する。

啓示概念についてのあなたの解釈は、なにより「古典という概念」との比較は、多くの神学者によって拒否されるでしょう。あなたによってあまりに教条的すぎると呼ばれた私の解釈は、やはり、神学者の諸著作においてしばしば見られるものを、たしかに言い当てています[286]。

ヤスパースは一九四八年の『哲学的信仰』において、「神学者との議論は決定的な点で中断してしまう」（PG 61）と嘆いているが、神学者とのみならず、キリスト教の哲学者、ハインリヒ・バルトとも、議論は平行線をたどるのである。

その原因は、ヤスパースの側にもある。「服従にいたり、独立を放棄するか、自由にいたり、礼拝と啓示を放棄するか」（I 301）。啓示即服従という理解は、あまりに図式的であり、例えばいわゆる「福音派」などの極めて限定された範囲でのみ有効であるにすぎないのである[287]。

＊

以上のように本章では、ハインリヒ・バルトの超越論的でキリスト教的な実存の哲学を検討した上で、彼が哲学に対して信仰が優位にあるとする根拠を考察した。

「実に、すべての人々に救いをもたらす神の恩寵が現れました」（テトスへの手紙二章一一節）。

著者［＝ハインリヒ・バルト］はこのメッセージへの信仰告白をする。(288)

ハインリヒ・バルトは哲学者であると同時にキリスト者であることを願っている。

はたしてそれは可能なのであろうか。カール・バルトはハインリヒ・バルトの古希記念論集に寄稿した「哲学と神学」において、「キリスト教的哲学なるもの」や「キリスト教の哲学者なるもの」が存在しうるかを否定的に問い(289)、ヤスパースは『啓示に直面する哲学的信仰』において、哲学的信仰と啓示信仰の上に立つ立場はないと書いている（vgl. PGO 8）。

「はじめに」で述べたように、キリスト教的哲学者ハインリヒ・バルトを介在させることによって、神学ないしは信仰と哲学との深い断絶を、いささかなりとも中立的な観点から検討することができたが、それは決して完全に中立的なものではなかった。カール・バルトの「キリスト論的集中」とは違い、ハインリヒ・バルトはキリストの唯一性、絶対性を主張しない。とはいえ、直接的、具体的であるがゆえに、哲学に比べて、信仰ははるかに生々しい力を持っているという。ハインリヒ・バルトは、一方でキリスト教的哲学を認め、他方で神学ないしは信仰と哲学とを俯瞰する。たしかに神学ないしは信仰と哲学との深い断絶は残る。しかし、前者の立場から後者の立場へと橋を架けようとした点に、カール・バルトにもヤスパースにも見られない、ハインリヒ・バルトの意義があると言えるであろう。

補章　ペーター・ヴースト

本章では、カトリックの哲学者であるペーター・ヴースト（一八八四―一九四〇）[290]と、そのキリスト教的実存哲学[291]を取り上げたい。

始めに、彼の自伝的著作『人々と思想』（一九四〇年）によって、その生涯を簡単に紹介しよう。ヴーストは、ヤスパースに遅れること一年、一八八四年にドイツのリッセンタールで生まれた。一九〇〇年にトリーアのギムナジウムで学び始めると共に、将来は聖職者にという両親の願いによって寄宿舎に入るものの、詩や哲学に惹かれ、キリスト教の信仰から離れる。「たしかに私を外面的になお教会と結びつけていた糸を切ることはなかったが、根本的には信仰を失っていた」（GW V 253）。その後ベルリン大学とシュトラスブルク大学で哲学を専攻し、一九一四年にはボン大学で博士号を取得したが、ヴーストは「教会から長年離れているなかで魂の苦境に耐えていた」（ibid.）という。しかし一九一八年のエルンスト・トレルチとの出会いを経て[292]、一九二三年の復活祭に――直接的な契機は書かれていないが――「唯一の聖なる教会」

(ibid.) へと立ち返る。こうしてヴーストはカトリックの信仰に立った哲学を展開することになり、一九三〇年にはミュンスター大学で教授となるが、一九四〇年に五六歳の若さで上顎癌のために死去した。

ヴーストは主著『疑心と敢行』(一九三七年)において、ヤスパースの『理性と実存』による影響を受けたと述べている (vgl. UW 29)。[293] ヴーストはヤスパースと関わったキリスト教の思想家の一人である。例えばローナーは次のように指摘している。「ペーター・ヴーストは……カール・ヤスパースの著作におけるキリスト教的信仰の世俗化された要素と思想に気づいた最初の人たちの一人である」[294]。ヴーストは日本では忘れ去られた存在だと言えるが、かつてはドイツ本国で全集が刊行され、近年ではコメンタールつきの批判校訂版が出るなど、一定の読者を獲得してきた思想家であり[295]、キリスト教に対するヤスパースの影響を考えるさいには特に、無視されてはならない。始めに第1節で『疑心と敢行』に基づいてヴーストの思想を検討し、次いで第2節でヴーストとヤスパースの近さと遠さを明らかにしたい[296]。

1　ヴーストにおける「疑心と敢行」

(1) 人間の不確かさ

ヴーストは『疑心と敢行』を、ルカによる福音書一五章一一―三二節に見られる「放蕩息子のたとえ」によって始める[297]。父の庇護の下にある geborgen 息子が放蕩の果てに父の家に立ち返るこのたとえには、人間の生の全体が「護られてあることと護られていないことの弁証法 Dialektik von Geborgenheit und Ungeborgenheit」の内にあることが表現されていると、ヴーストは見なす。放蕩息子がそうであるように、人間は「挫折の中でこそ救済を経験する」（UW 39）と言う。

「生それ自体は……確実さ Gesichertheit よりも不確実さ Ungesichertheit とはるかに結びついているように思われる」（UW 31）。こうした洞察に基づきヴーストは「不確かさ Insecuritas」をいわば実存カテゴリーとして[298]、人間の生の全体に迫ろうとする。ただし不確かさの消極的な側面のみならず、あとで述べるように、「不確かさの積極的な意味」（UW 37）も問題とするのである。

（2）人間の不確かさの三つの層

ヴーストによると、人間の在り方の三つの層に応じて、人間の不確かさは三つの層に区別される。すなわち生命的実存 vitale Existenz が持つ運命の不確かさ、精神的実存 geistige Existenz が持つ認識の不確かさ、超自然的実存 übernatürliche Existenz が持つ救済の不確かさである（vgl. UW 68）。そして「最も低い層から最も高い層へと人間の「不確かさ」の状況は次第に鋭くなっていく」（ibid.）という。

まずは生命的実存が持つ運命の不確かさであるが、享楽や所有、権力といった生命的な本能の満足を求めるさいに味わわざるをえない不確かさである。運命とは自然の非合理性であり、ヴーストによると恣意や偶然、予測不可能性、無常さや儚さとして現れる。これらによって本能の満足は不確かなものとなる（vgl. UW 73 ff.）。

次いで精神的実存が持つ認識の不確かさであるが、哲学が数学的確信を持ちえないということである。一九三八／三九年冬学期の講義『人間と哲学――実存哲学の主要問題への入門』においては、それについてより詳しく論じられている。哲学が不確かであるのは、哲学が「特殊に人間的な学」（MP 42）であり、人間が不確かであるからだという。「哲学の本質には……具体的な生きた人間が共に属している」（MP 41）。個別的で独自的なほかならぬこの私、科学的な認識によっては汲み尽くされえない実存、を問題とするかぎり、哲学は数学的、科学的な確かさを持ちえない。

最後に超自然的実存が持つ救済の不確かさであるが、次のように言われる。「人間の最深の根源的な幸福衝動は……たんなる瞬間的な満足ではなく……究極的な幸福を求める。したがって救済の確信についての問いに、いかなる人間も直面させられるのである」（UW 148）。しかしヴーストによると、救済も確かなものとはなりえない。「絶対的な確信があったとしたら、それはここでは向う見ず、それどころか思い上がりを意味することになるだろう。なぜならば……絶対的な神を……出し抜こうとすることになるだろうからである」（UW 152）。それゆえ「希望しながらの放念Gelassenheit」がここでは「人間的な現存状況に唯一ふさわしい態度」（UW 155）であるとされる。（「キリスト教的な根源的徳」（CP 43）とヴーストが表現する「放念Gelassenheit」については次項で取り上げる。）

ヴーストによると、こうした不確かさに対して、人間は三つの態度を取るという（vgl. UW 80）。つまり無関心な態度、――「カール・ヤスパースがその実存哲学において非常に巧みに特徴づけた」（ibid.）――反抗、帰依である。本章では特に運命の不確かさに対する反抗と帰依を取り上げたい。[299]（ヴーストは『理性と実存』による影響を受けたと言うが、むしろ反抗と帰依が論じられる『哲学』第三巻『形而上学』による影響が顕著である。）

運命の不確かさに対する反抗は、シェーラーの表現を用いて、[300]「工作人Homo Faber」（UW 119）によるものであるとされる。それは文化や文明を作ることによって自然の非合理性と闘う英雄主義である（vgl. UW 81）。例えば薬剤や手術によって病気による人間の「無常さや儚さ」に抗うことがそれであろう。それに対して、運命の不確かさに対する帰依は、臆病で怠惰で無力な静寂主義である。「こうした静寂主義は、自然の暴力との闘いにひるみ、進歩を目標とする人間の本質をいわば開墾しないままにする」（ibid.）。自然の非合理性を前にしての諦めが否定的に描かれる。

ただし、反抗が帰依よりも優れているとされるわけではない。自然の非合理性の背後をまなざし、反抗と帰依のいずれをも越えて、いわば不確かさに対する人間の四つ目の態度として、

「究極的な不可能性に対する究極的な決断」（UW 82）があるとされる。すなわち「最も深い現存の不合理性が、……根源的な無意味さを指し示すのか、根源的で絶対的な意味を指し示すのか」（ibid.）に対する決断である。

ヴーストはこの根源的で絶対的な意味を「摂理」（UW 84）や「神の偉大な世界計画」（ibid.）と表現する。

私たちがこの「不確かさ」の苦境の本質を深く悟れば悟るほど、この苦境は私たちには存在全体を統べるかの驚くべき叡智の結果であることが明らかになる。……初めは無意味に思われるものも、よく見てみると、計画的であること、すなわちすべてを統べる摂理の思慮深い意図であることが分かる。（UW 186 f.）

ヴーストによると、いわば限界状況である不確かさは、人間をして己の力で確かさを得ようとする高慢さや利己心を捨てさせ、――放蕩息子が父の家に立ち返ったように――神の下に立ち返らせる。これこそが人間の不確かさの積極的な意味であり、人間の不確かさが指し示す摂理なのである。

（3）Gelassenheit

前項での検討を要約して言うと、不確かさを求めることが挫折することによってこそ、人間は己の自力を離れ神の恩寵にいたりうる。すなわち日常的な確かさの中には不確かさがあるが（insecurus in securitate, UW 154）、不確かさの中にこそ神による確かさがあるのである（securus in insecuritate, ibid.）。

「人間の不確かさ」という現象の全体は、私たちがそれを頂点までたどるやいなや、謎に満ちた仕方で弁証法的になる。というのもそれまでは極めて疑わしい ungewiß と思われていたものが、いまや突然、最高に確実であること Gesicherheit が明らかになるからである。（UW 185）

ヴーストによると、「放蕩息子のたとえ」が描いているのは、人間のそうした「不確かさの確かさ Securitas insecuritatis」（ibid.）であり、人間は護られていないことを経ることによってこそ護られてあることができるということ（Geborgenheit des Menschen in seiner Ungeborgenheit, UW 186）である。

そのとき人間は、単なる確かさと結びついた誤った平穏を越え、単なる不確かさと結びついた誤った不穏も越え、放念 Gelassenheit にいたることができるとされる（vgl. UW 181）。Gelassenheit（放念）とは、語源的には Sich-auf-Gott-verlassen（己を放棄し神に委ねきっていること）に由来し、それによって得られる態度のことである。[301] 現代ドイツ語では「心が落ち着きストレスがないこと」を意味し、必ずしも宗教的な含意を持たない日常的な言葉であるが、[302]「キリスト教的な根源的徳」とヴーストが表現するように、エックハルトをはじめとする中世ドイツ神秘思想との関わりで考えられなければならない。（さらにルター。「神秘家は Gelassenheit にさらにより深い意味、つまり宗教的な意味を与える。人間の最内奥は彼らにとって、神性が居合わせる場所である。Gelassenheit はつまり、あらゆる外面性から離れることとして、自己自身への集中として、人間に人間を超えているものへの関係を開く。この要素もまた、„Gelassenheit" という語の元来の意味に含まれている。„lassen" はつまり、初期の語用において、sich auf jemanden verlassen（誰かを信用する）、sich ihm hingeben（誰かに帰依する）、ihm vertrauen（誰かを信頼する）というほどのことでもある。例えばルターのある［讃美］歌において次のように言われている。„Auf ihn mein Herz soll lassen sich"」（Wilhelm Weischedel, „Von der Gelassenheit", S. 114）。この讃美歌は以下。„Aus tiefer Not schrei ich zu dir"。*Evangelisches Gesangbuch*, Nr. 299、『讃美歌21』第160番。）ヴーストが言う「不確かさの確かさ」や「護られていないことにおける護られてあること」は、そうした放念＝己を放棄し神に委ねきっていることを意味するのである。それはヴースト自身によって体現されたものでもあり、彼は一九四〇年の死の数か月前に、病床から娘に宛てて、次のように書き送っている。

すべては神の御心のままに。人はゲラッセンハイトにおいて――……聖フランシスコ・サレジオが表現したように――快適なものを望みもせず、不快なものを退けもしないというところまで行かなければなりません。[303]（GW VIII 118）

2　ヴーストとヤスパースの近さと遠さ

（1）ヴーストとヤスパースの近さ

ヴーストは Insecuritas をいわば実存カテゴリーとして人間の生の全体に迫ろうとするが、その類義語として Ungewißheit や Ungesichertheit[304] と共に Ungeborgenheit を用いている。この Ungeborgenheit（と Geborgenheit）はヤスパースにおいても隠れたキーワードであり、『哲学』の各所で用いられているが、ここではその姉妹編とも言うべき『現代の精神的状況』の次の用例を挙げたい。「護られていない ungeborgen 人間が現代に相貌を与える」（GS 134）。ヴーストにおける Ungeborgenheit がヤスパースにおけるそれに由来するかは証明できないが、ヴーストは一九三二年五月三一日のヤスパース宛の書簡（Deutsches Literaturarchiv Marbach 所蔵）において『現代の精神的状況』に言及しており[305]、その翌月には書評を書きさえしている[306]。「……この著作の全体を通じて、繰り返し行間から感じ取られる悲しみがある。……それはまるで、放蕩息子の、ひきつったすすり泣きのようである」（GW VII 291 f.）。

ヴーストがヤスパースの『現代の精神的状況』に感じ取った「放蕩息子のひきつったすすり泣き」とはいかなるものであろうか。ヤスパースの時代診断によると、現代は「無の前に立っている」（GS 16）。「おそらく一つの意識が広がっている。何もかも駄目である、何一つ疑わしくないものはない、何も本来的なものは確証されない」（ibid.）。こうした現代の精神的な状況——何一つ確かなものがないという——の中で、ヤスパースは信仰としての哲学に期待をかける。

現代は信仰喪失の時代である（vgl. GS 129）。既成宗教は「秩序づけられつつ生活する習慣としてあり、いまなお働き、生に活力を与えるものとしてあることはまれである」（GS 130）。啓示信仰に基づいて生きることがもはやできないとすると、宗教の外側で信仰が可能であるかが問われなければならない。「哲学することはこの問いから生じる。哲学することの意味は、こんにちでは、その独立した信仰において、固有な根拠に基づき、確かめられなければならない」（GS 132）。すなわち「教会や宗教によって護られてあること kirchlich-religiöse Geborgenheit」（ibid.）が失われている中で、「哲学は、護られていない ungeborgen と意識している人たちにとって、唯一の可能性である」（GS 133）のである。

以上のようにヤスパースは現代における「護られていない人間」を問題とし、信仰としての哲学——確かなものを与えうるような——を展開したが、それがヴーストに影響を与えたと考えることができる。しかしヤスパースにおける哲学は、『形而上学』の最後の章で論じられているように、挫折へといたらざるをえない。ただしヴーストが不確かさの中にこそ神による確かさがあると言うように、ヤスパースにおいても哲学の挫折こそが決定的に超在と関わるきっかけとなりうる。ここでもやはりゲラッセンハイトという観点から、それについて検討をしたい。

ヤスパースはそのスピノザ論において、『エチカ』第四部定理四七備考を引用しつつ、次のように述べている。「哲学は「私たちが運命の摂理や私たちの手中にないものに対して、どのように振る舞わなければならないのかを教える」」（GP 823）。そうした振る舞いは「諦念Gleichmut をもって耐える」（GP 824）や「放念 Gelassenheit」（GP 822）と表現されているが、それらは「存在するすべてのものは神の必然性から生じる」（GP 809）という「存在するすべてのものの肯定」（ibid.）であるとされる。すなわちヤスパースは、スピノザの「根本態度」（GP 823）は放念であり、それは神との関わりの中で可能である、と理解しているのである。

ヤスパースは「一七歳のとき私はスピノザを読みました。スピノザは私の哲学者となったのです」（PA 10）と述懐している。ヤスパースにとってスピノザは「翼を与えてくれた最初の哲学者」（PA 125）であり、その後の彼を方向づけた人物であった。ヤスパース自身も「限界状況は究極的には放念の中にその平穏を見出す」（II 291）と述べている。ここでの Gelassenheit（放念）もやはり Sich-auf-Gott-verlassen（己を放棄し神に委ねきっていること）と理解することができる。すなわち神との関わりの中で可能であるゲラッセンハイトは、スピノザにとってのみならずヤスパースにとっても根本態度であったと言えるのである。

「諦念をもって耐える」とはいわば、己を放棄し神に委ねきっている放念の中での〈どちらでも構わないこと〉であり、こうした放念の中で私たちは「単なる平穏」と「単なる不安」(III 232)を越えて、それらをそのまま受け入れることができる。ヤスパースの究極的な命題「神が存在するということで十分である」(Ei 38)は、まさしくそうした根本態度を表現しているのである。ヴーストにおける先述の誤った平穏と誤った不穏を越えた放念は、ヤスパースにおける以上の放念と通底していると言えよう。

(2)ヴーストとヤスパースの遠さ

以上のように Ungeborgenheit と Gelassenheit という二点からヴーストとヤスパースの「近さ」を明らかにした。しかし両者の「遠さ」も見逃されてはならないであろう。本章では哲学と宗教の関係から、ヴーストとヤスパースの遠さに言及したい。

ヴーストにおける哲学と宗教の関係については、先掲の一九三八/三九年冬学期の講義『人間と哲学』および、死に直面して学生たちに書き送った一九三九年一二月一八日の手紙『別離の辞』を取り上げる。『人間と哲学』においては、哲学の本質は「信仰に仕え、信仰の道を準備すること」(MP 101)だとされる。つまり哲学的な反省はあくまで宗教的な飛躍の「侍女」である(vgl. MP 102)。『疑心と敢行』において究極的に問題とされたことは、人間の不確かさや反抗、帰依に関する哲学的な反省にとどまらず、神の摂理に対する宗教的な飛躍であった。『別離の辞』においては、この問題が「祈り」という極めて宗教的な言葉によって先鋭化させられる。

　私がいま去って行き、最終的に去って行く前に、私が人生の智恵への究極的な門を開けうるような魔法の鍵を知っているかどうかをあなたがたが私に問うならば、「もちろん」と答えるでしょう。――しかもこの魔法の鍵は、あなたがたが哲学者に期待するかもしれないような反省ではなく、祈りなのです。（AW 12）

すなわち哲学的な反省は宗教的な祈りによって乗り越えられ捨てられさえするのである。ヴーストの次の言葉はそれを端的に示している。「死に臨み、十字架を眺めるとき、あらゆる哲学は余計な贅沢となり、十字架が愛の律法を必然的なものとするならば、人間はその贅沢から身を引かなければならない」（MP 103）。すなわちヴーストにおいては最終的に、「護られてあることと護られていないことの弁証法」が破られるのである。

　ヴーストが反抗と帰依を越えて、神の摂理に対する飛躍をなすのに対して、ヤスパースは反抗と帰依の中に留まろうとする（vgl. III 71 ff.）。なぜならば彼にとって神は絶対的に隠れているからである。それはヤスパースのヨブ理解にも表れている。「ヨブの根本的な経験は〈神は答えない〉である」（PGO 340）。「ヨブ記には結論がない」（PGO 384）。すなわちヤスパースは神の摂理に対する飛躍をなさない、いやなしえない、のである。「［愛する人の早死にに際して、］神々にとって愛しいものを彼らは早々と世界から奪うのだという思想の中で、私が存在［＝神］を挫折と結びつけるならば、実存は抵抗する」（III 223）。

ヴーストは人格的な神に対する祈りを、哲学を超えたものとして提示するが、ヤスパースにおいては隠れた神に直面する哲学は、自らを超えたものを持たず、挫折に耐えることになる。己を放棄し神に委ねきっている放念も、やはりそれでも、「永遠の飢えの苦しみ」（Ant 821）と結びついている。すなわちヤスパースはあくまで、「護られてあることと護られていないことの弁証法」の中に留まるのである。

*

以上のように本章では、不確かさを実存カテゴリーとし、その積極的な意味、すなわち不確かさが人間をして己の力で確かさを得ようとする高慢さや利己心を捨てさせ、神の下に立ち返らせるということを問題とするヴーストのキリスト教的実存哲学を検討したうえで、Ungeborgenheit[307] と Gelassenheit という二点からヴーストとヤスパースの近さと、哲学と宗教の関係から両者の遠さを明らかにした。

哲学とキリスト教の関係からは、両者の遠さはさらに広がる。ヴーストは一九三二年の論文「キリスト教哲学なるものの概念について」においては、プログラム的にではあるが、あらゆる哲学は「キリスト教哲学」となって完成すると述べ（vgl. CP 38）、『疑心と敢行』の中でも、キリスト教において「決定的な真理」が啓示されたと書いている（vgl. UW 138 f.）。ヤスパースは宗教やキリスト教が一つの真理を語ることを否定しない。しかしそれが特権的、優越的なものとして主張されるならば、徹底的に闘うのである。

両者の近さに関しては、その一因として、――第1章で見たのと同様に――ヴーストとヤスパースが第一次世界大戦の体験を共有していることを挙げられるかもしれない。ヴーストは一九二〇年の『形而上学の復活』において、第一次世界大戦を念頭に置きながら、次のように述べている。「私たちは今日、ヨーロッパ文化の、ひょっとするとそれどころか世界文化一般の、極めて重要な転機に立っている」（GW I 19）。そしてヨーロッパの破局と精神の転換の結びつきが主張される。ヨーロッパの破局の中で人間の不確かさが顕わになり、「すべてを自ら生み出しうると思っている勝ち誇る理性を拒絶し、……謙虚に畏敬する理性へと向くこと」（GW I 21）が求められる。ヴーストはだからこそ、ヤスパースの『現代の精神的状況』における「護られていない人間」に鋭く反応したと考えられるのである[308]。ヤスパース自身もここでシュペングラーの『西欧の没落』などを挙げつつ「無の間に立っている人間」について語るからである。

*ヴースト、ボルノウの著作の略号

Peter Wust

AW　*Ein Abschiedswort*. 3. Aufl., Münster (Lit) 2010.

CP　„Zum Begriff einer christlichen Philosophie“ In: *Catholica. Vierteljahresschrift für Kontroverstheologie*. 1. Paderborn (Winfriedbund) 1932, S. 37 ff.

GW　*Gesammelte Werke*. 10 Bde., Wilhelm Vernekohl (Hg.), Münster (Regensberg) 1963 ff.

MP　*Der Mensch und die Philosophie. Einführung in die Hauptfragen der Existenzphilosophie*. Münster (Lit) 2014.

UW　*Ungewißheit und Wagnis*. Münster (Lit) 2009.

Otto Friedrich Bollnow

BG　*Otto Friedrich Bollnow im Gespräch*. Hans-Peter Göbbeler / Hans-Ulrich Lessing (Hgg.), mit einem Vorwort von Frithjof Rodi, Freiburg / München (Alber) 1983.

NG　*Neue Geborgenheit. Das Problem einer Überwindung des Existentialismus*. Stuttgart (W.

Kohlhammer) 1955.

WWT　*Wesen und Wandel der Tugenden.* Frankfurt a.M. (Ullstein) 1958.

おわりに　ヤスパースの「自然神学」とその「限界」
――ブルンナー、バルト

おわりにに代えて、キリスト教のヤスパース批判――その限界づけ――を取り上げることによって、その限界こそ、ヤスパースの一貫した誠実性＝真実性 Wahrhaftigkeit であることを明らかにしたい。

始めに第1節で、ブルンナーとバルトの自然神学論争を考察し、次いで第2節で、ヤスパースの哲学が自然神学的であることを明らかにする。さらに第3節で、バルトのヤスパース批判――その限界づけ――を見た上で、最後に第4節で、ヤスパースのその限界こそがヤスパースの根本態度であることを明らかにする。本書の最後にあらためて、二〇世紀ドイツ語圏のプロテスタントの思想家とヤスパースの「近さ」と、その近さの中の決定的な「遠さ」を問題としたい。

1　ブルンナーとバルトの自然神学論争

（1）自然神学

「自然神学」とは、自然の秩序を通じ神が知られうるかを問う神学の一領域である。またそれにおいては、自然の秩序を考察する人間の自然本性としての理性も問題となる。自然神学的な問題系は新旧両聖書に見られ、アウグスティヌスにおける「三位一体の心理学的類比」やトマスにおける「存在の類比」を経て、現代ではキリスト教神学と自然科学の対話へと至る。

旧約聖書においては、詩篇一九章二節「天は神の栄光を物語り／大空は御手の業を示す」が、新約聖書においては、ローマの信徒への手紙一章二〇節の以下の箇所が、自然神学的な神へのアプローチとしてよく知られている。[309]「世界が造られたときから、目に見えない神の性質、つまり神の永遠の力と神性は被造物に現れており、これを通して神を知ることができます」。

キリスト教においては、「聖書」と並ぶもう一つの書物として、「自然」が存在するのである。ガリレオの次の言葉は有名であろう。「哲学は、眼前にいつも開かれている壮大な書物、つまり宇宙の中に書かれています。……この書物は、数学の言葉で書かれています」[310]。

また、ブルンナーとバルトの自然神学論争において両者が共に引き合いに出すカルヴァンも、はっきりと自然神学的な神へのアプローチを認めている。「人間の精神の内には、自然的衝動ともいうべき神的なものへの感覚が備わっている。……神の驚くべき知恵を私たちに証する徴は、天にも地にも数えきれない」[311]。すなわち神が創造した自然の秩序を通じて、人間に神が植えつけた「宗教の種子」――人間の自然本性としての理性――によって、神が知られるとされるのである。

（2）ブルンナーにおける結合点と、バルトによるその批判、両者の共通点

ブルンナーは「教会を神の言葉についての熟考へと呼びかけること」[312]と並ぶ神学のもう一つの課題として、神の言葉を聴き取るための前提を明らかにすることを挙げる。「何の神意識をももはや持たない人間には神の言葉はもはやとどかないであろう。良心を欠いた人間は「悔い改めて福音を信じよ」という呼びかけによって呼びかけられえない」[313]。その前提とは、人間が動物と区別される「人間性 Humanum」であり、罪によっても消し去られえない神の似姿であるとされる。ブルンナーはそれを「結合点 Anknüpfungspunkt」と呼ぶ。

結合点とは具体的には「言語能力 Wortmächtigkeit」と「応答責任 Verantwortung」である。神の言葉を聴き取る言語能力とそれへと応答する責任こそが、神と人との結合点であり、動物から人間を区別する人間性である。それは、キリスト者であるかいなかを問わず、人間の「一般的な内在的可能性」[314]であるとされる。

ブルンナーはこうした人間の自然本性のほかに、自然の秩序についても論じている。「例え

ば結婚や国家のような、それなしにはいかなる人間的な共同生活も考えられえないようなある種の秩序が存在する」[315]。ブルンナーによれば、こうした秩序も、「ある程度まで、イエス・キリストにおいて啓示された神を知らない人間によっても現実化される」[316]。

しかしここで、「ある程度まで」と言われていることに注意が求められる。結合点や自然の秩序は内在的可能性であるが、あくまでも可能性にすぎない。可能性が現実化するためには、「恩寵としてのみ理解しうる一つの出来事」[317]が必要である。それこそが、イエス・キリストにおける神の啓示である。

結合点、すなわち神の似姿は、形式的には formal 少しも破壊されていないが、実質的には material 完全に失われている[318]。なるほど人間は聴き取る理性 vernehmen ＝ Vernunft を持っているが、それは閉ざされている。「この閉塞はいわばこじ開けあけてもらわなければならない。まさにそのことが……あの方との出会いにおいて出来するのである」[319]。それゆえブルンナーにとっては「出会いとしての真理」（ブルンナーの主著のタイトル）が問題だったのである。

ブルンナーのこうした考えに対して、バルトは「否！」と言う[320]。バルトには、神が知られるためには人間の助けを必要とすると言われているように見えたのである[321]。それは宗教改革的な「恩寵のみ」に反すると、バルトは批判する。

ブルンナーによると、神との結合点は、たとえ可能的、形式的であるにすぎないとしても、人間にすでに内在するとされる。それに対してバルトは次のように言う。私は「神の言葉に

「かなうもの Entsprechungen」がすでに「存在する」ということを考慮に入れない」と[322]。なにもバルトは結合点そのものを否定するわけではない。ブルンナーが結合点は人間にすでに内在するとするのに対して、バルトは結合点は人間に新たに造られるとするのである。

バルトによるブルンナー批判、自然神学批判の背景には、当時の政治的状況があったということは周知の通りである。彼らの論争は一九三四年、すなわちヒトラーが権力を手中にした翌年である。ブルンナーの自然評価は、ルターの「創造の秩序」に遡る。ルターによると、神は、被造物が無秩序に陥らないよう、その中に秩序を打ち立てた。その一つが国家である。バルトはブルンナーが国家社会主義に神学的な基礎を与えることを危惧したのである[323]。

ただしここでは、ブルンナーとバルトの自然神学論争を、純粋に神学的に見たい。ブルンナーの強調点は創造論的な「すでに」にあり、バルトの強調点はキリスト論的な「新たに」にある。「バルトとブルンナーとの相違は強調点の相違に帰する。前者は似神性、結合点の基督論的贖罪論的意義を強調し、後者は父神論的創造論的意義を強調する」。すなわち両者には、イエス・キリストという外在的なものを必要とするという共通点が存するのである[324]。

2　ヤスパースにおける「結合点」としての「不満」

（1）『哲学』における「不満」概念

ヤスパースにおける隠れたキーワードの一つに„Ungenügen"と„Unbefriedigung"がある。（前者を「不満」と訳し、後者を「不満足」と訳す。）これらの概念は『哲学』を中心とする前期の実存哲学から、『真理について』を中心とする後期の理性哲学（包在論、哲学的論理学）まで一貫して用いられ続ける。本項ではまず『哲学』における「不満」概念を検討する。

ヤスパースにおける「不満」概念の最も基本的な意味を示すのは、次の表現である。「超在ではないあらゆる存在に対する不満」（III 3）。超在ではないあらゆる存在とはさしあたりは、後期の理性哲学の術語を用いると、私たちがそれであるところの包在のうち、内在的な様態である「現存」、「意識一般」、「精神」と、存在がそれであるところの包在のうち、内在的な様態である「世界」である（vgl. VdW 50）。ここではまず「現存」、「意識一般」、「精神」、つまり広義での主体的な現存に対する不満を取り上げる。

『哲学』第二巻『実存照明』において、「不満足は可能的実存の存在を示す表現である」（II 6）と言われる。これは、現存を客体的に見て、それが実存でないことに対する不満ではなく、単なる現存であることに対する主体的な不満である。つまり不満は、「自己自身の根源から存在せよという」（ibid.）という、私の私自身に対する「要求」（ibid.）である。「不満足は単なる現存から歩み出る」（ibid.）。

そもそもヤスパースによると、「実存照明」とは、「私の不満足を明瞭にして、……ここでは何が問題なのかを積極的に思考する［こと］」（II 8）である。「実存照明は［現存の］突破を思考しつつ確証することである」(ibid.)。以下ではヤスパースにおける「実存カテゴリー」——ヤスパースは「符号」と表現する——の一つである「私自身」をてがかりとして、不満における現存から実存への超越を見てみたい。

ヤスパースは「私自身」の諸相として、「身体としての私」、「社会的な私」、「実績としての私」、「記憶としての私」を挙げる。そして「私は自らの存在の様々な側面を見つけ、自らを部分的にはこれらと同一視するが、完全にはこれらと同一にならない」(II 27)と言う。一例として「社会的な私」を取り上げる。

「社会的な生に関連して私が何者として見なされるのかを、私は考えることができる。職業における私の役割、私の権利や義務が、私の存在として、私には思い浮かぶ」(II 29)。しかし、「私は社会学的な立ち位置の結果ではない」(II 30)。「このように客体的になったもの」(II 32)は「私自身」ではない。「自己は知られうる一切を越えたものである」(II 34)。自己の客体的な固定化に対して、客体化されえない残余が残り続けるのであり、この残余が「私自身」としての実存なのである。

　客体的に固定化された自己、つまり単なる現存であることに対する主体的な不満から、自己自身の根源、つまり実存から存在せよという、私の私自身に対する要求が生じる。こうした不満こそが、現存から実存への超越の契機なのである。「しかしながら」——とヤスパースは『哲学』第三巻『形而上学』で述べる——「この実存照明においても究極的な満足は得られなかった」（III 4）。『形而上学』においてはさらに、超在への突破、超越が問題とされるのである。

以下では実存から超在への超越について見たい。まずは実存の根本特徴である「一性Einheit」を論じ、ついでこの一性の点での実存と超越の「遠さ」を見る。この遠さこそが、実存の実存自身に対する不満の根源なのである。

ヤスパースによると、私たち人間は、思想や体系といった自らを支えている客体的なものが失われる「限界状況」に直面せざるをえない。しかしこの限界状況の中でかえって、人間は、自らにとって何が重要なのかに気づくのである。この気づきによって私たちは多くのものから「一つのもの das Eine」を選ぶことができる。すなわち自ら固有な生き方、在り方に気づき選ぶのである。

こうした決断を下すとき、人間の実存の「一性」（独一性、唯一性）が実現する。こうして実存の根本特徴は一性であるとされる。この事態を人間相互の「交わり」という局面をてがかりとして具体的に示せば、ほかならぬこのひとと交わるというしかたで、実存の一性が実現すると言える。

しかしながら、「一性としての超在は……私たち自身がありうる一性よりも不十分な一性ではありえない」（III 120）。理由の一つとして、「人格は他の人格と共にあるが、神性は同等なものと共にあるのではない［こと］」（ibid.）が挙げられている。実存の一なるものが多くのものから選択された個別的なものであるのに対して、超在の一なるものはそれらの多くのものを包括するものである。実存の「一なるもの」は、なるほど主体的に見ると私にとって重要な一つのものであるが、客体的に見ると現存の分裂した多くのものの中の「一つのもの」にすぎない。それに対して、超在の「一性Einheit」は、現存の分裂の真の「統一Einheit」である。実存の一性と超在の一性は本質的に異なっている。繰り返しを厭わず言えば――この遠さこそが、実存の実存自身に対する不満の根源なのである。

このことから帰結するのは、――客体的に固定化された自己に対する不満と同様に――客体的に固定化された超在に対する不満である。「啓示」を「宗教的な客体性にとっての根源的な源泉」（I 295）とする宗教が批判される。

［哲学の］緊張は宗教に対しては絶対的である。すなわち、本来的な信仰者は神学者になりうるが、しかし自らとの決別なしには哲学者になりえず、哲学者の方も自らとの決別なしには信仰者になりえない。（I 294）

啓示宗教においては、啓示が「史実的に一回的な事実として、有限的に洞察されうるものへと固定化される」（I 297）。それに対して哲学においては、「宗教がそれから出発するような根源は見出されえない」（ibid.）。「哲学は妥当的な客体としては存在しない」（I 298）。

なるほどこのことは哲学の「欠陥Mangel」（I 297）である。「哲学においては不満足としての欠乏 Mangel が残る」(I 302)。しかしこのことによって哲学は「隠れた神」の「隠れ」を、「遠くの神」(III 122) の「遠さ」を守るのである。

(2) 哲学的論理学における「不満」概念

以上では『哲学』における「不満」概念を検討したが、次いで哲学的論理学における「不満」概念を考察する。哲学的論理学においては特に「交わり」と「真理」に対する不満が語られる。なぜならばヤスパースにおいては「交わり」と「真理」が相関的だからである。

ヤスパースによれば、交わりの様態によって、真理の様態が規定される (vgl. VE 60 f.)。[1] 現存の交わりにおいては「効用と習慣」(VE 63) が、[2] 意識一般の交わりにおいては「強制的な正しさ」(ibid.) が、[3] 精神の交わりにおいては「理念によって保証された確信」(ibid.) が、真理とされる。しかし「交わりの三様態に対する不満」(vgl. VE 65) から、それぞれによって規定された真理の三様態に対する不満も生じる

伝達による共同は、[1] 単なる現存においては衝動的な共感や合目的に限定された関心を出ず、[2] 単なる意識一般においては正しいものへの無関心な同意を出ず、[3] 精神においては……欺瞞的な全体意識を出ない。(VE 65)

これらに対してヤスパースは、「実存的交わり」を求める。それは「自己自身になろうとするような人たちの愛しながらの闘いにおいて」（VE 70）実現される。そして実存的交わりにおいては、「信仰の真理」が問題とされる。

超在と同様に、真理も客体的に固定化されえない。信仰の真理は「愛しながらの闘い」においてある。それゆえそれは、「過渡的でしかありえない」（VE 74）のである。

さて、ヤスパースは不満を「理性の不満」（VdW 9）として語り直す。「［哲学的論理学は］理性から、いかなる試みられた結論に対しても不満を持つ」（VE 108）。すなわち不満は理性から生じるとされる。

ヤスパースにおける理性とは、統一と突破とへの意志である。「理性は、……自らが求める一なるものによって引きつけられ、絶え間ない不満を表明するがゆえに、それらの限界のいずれのものも踏み越えることを教える」（VdW 116）。「現存、意識一般、精神の不満において」実存が「立ち現れる」（VdW 659）。しかしながら「実存は……再び不満を持つ。実存が向かうのはもはや、私たちがそれである包在の様態ではなく」（VdW 659 f.）、超在である。

以上本節では、ヤスパースにおける「不満」概念を検討し、それが理性から生じ超在へと向かうものであるとされることを明らかにした。理性は人間にすでに内在するのであって、新たに外から与えられるものではなく、また、無媒介的に超在へと関係するのであって、イエス・キリストのような媒介を必要としないとされる。それゆえヤスパースにおける「不満」はブルンナーにおける「結合点」と類比的であり、また、ヤスパースの哲学は自然神学的であると言えるのである。

3　バルトのヤスパース批判

バルトのヤスパース批判としては、ヤスパース自身も引用している次の言葉が有名である(vgl. PGO 485)。「内容なき、実りなき、根本的にひどく退屈な、かの超在」[325]。しかしこの言葉で意味されているものは、少なくともヤスパース研究者には、あまり知られていない。そこで本書では、この言葉に先行する、バルトのヤスパース批判を見てみたい。

バルトは『教会教義学』第三巻『創造論』において、自然科学的人間観、倫理学的人間観、実存哲学的人間観、有神論的人間観という四つの人間観を批判している。有神論的な人間観への批判は先述のブルンナー批判が繰り返されるものである。それゆえ本書では自然科学的な人間観と倫理学的な人間観に簡単に言及したうえで、それらに対する①実存哲学的な人間観の肯定的な評価と②その限界づけを取り上げる。

まずは自然科学的な人間観であるが、それは外から見られた客体としての人間にすぎない。他方で倫理学的な人間観の中では、「意欲や態度、行為」[326]といった、主体としての人間が問題となる。なるほど「自然主義的な見方から倫理学的な見方への移行」[327]において、「人間が単に規定されていることから人間が自らを規定することへと……視野が広がる」[328]。

しかしバルトによれば、いずれの見方も人間を「自らにおいて閉じた現実」[329]として見なしている点では変わらない。自然科学的な人間観においては、例えば「神」といった人間を越える何かは必要ではない。では倫理学的な人間観においてはどうであろうか。そこでは「人間は自らの意志の自由によって自制しうると考え、……自己自身を客体として原理的に自由にする」[330]のである。

バルトによると、「人間一般の本質への問いの最も一般的な前提」[331]は、「人間一般の本質が……もともと神と何らかの関係に立つものとして理解されなければならないということ」[332]である。神学者としての人間観である。この人間理解から、実存哲学的な人間観――それはバルト自身が書いているようにヤスパースの人間観である――の肯定的な評価がなされる。

①実存哲学的な人間観の肯定的な評価――「実存の問いを投げかけると、かの閉鎖性は……突破される」[333]。「人間の実存とは、客体化不可能性のさなかで、定義不可能性のさなかで、自己自身を探し求める途上にある人間自身である」[334]。「人間の実存は……自己自身に満足しえず、……自己自身にとって超越的なものへの関係にある」[335]。

ヤスパース自身、先述のように「客体的になったものは私自身と絶対的に同一なものにはならない」と述べる。また、実存の実存自身に対する不満から超在への超越がなされる。「実存とは、自己自身に関わり、そのことにおいて、自らの超在に関わるものである」（I 15）。先にまとめたバルトの理解は的を射ていると言えよう。

バルトは特にヤスパースの「限界状況」という概念に注目している。バルトによると、限界状況において「人間の現存は疑わしく fragwürdig なり、……まさにそこで価値ある問い fragwürdige Frage となる」[336]。「自らにおいて閉じた現実のイメージに代わって、人間の分裂性の経験が、しかしそれと共に、この他者への人間の開かれが、そしてそれと共に人間の現実的実存が、現れる」[337]。

バルトはさらに続ける。「特にヤスパースによる限界状況論は、人間の真正にキリスト教的な把握と評価――例えば選びと召命、試練の関係についてのルターによる叙述が思いつく――に少なくとも近づいているように思われる」[338]。「ヤスパースによって与えられた内実を持っている実存哲学には、……キリスト教的な領域の痕跡が認められる」[339]。

②実存哲学的な人間観の限界づけ――バルトは以上のようにヤスパースを肯定的に評価する一方、その人間観を限界づける。批判の骨子は、ヤスパースにおいては超在が具体性を欠いていることと、超在が私たちに出会う保証を欠いていることである[340]。それゆえバルトはこう言うのである。「ヤスパースの哲学がキリスト教的な伝統の意義深い内容を言い表し、自らのしかたでヨハネの第一の手紙と同じことを語ったとは言えない」[341]。

ヨハネの第一の手紙は次のように始まる。「初めからあったもの、わたしたちが聞いたもの、目で見たもの、よく見て、手で触れたものを伝えます。すなわち、命の言について――この命は現れました」。ここでは、ヤスパースにおける超在が欠いている具体性と保証が与えられるのである。本節の冒頭で挙げたバルトのヤスパース批判、「内容なき、実りなき、根本的にひどく退屈な、かの超在」は、ヤスパースにおける超在——さらにはヤスパースの哲学それ自体——の具体性と保証の欠如を突いているのである。

4　ヤスパースの「限界」と根本態度

以上のように、ブルンナーにおける「結合点」と、バルトによるその批判、つまり両者の「自然神学」論争を考察した上で、ヤスパースにおける「不満」がブルンナーにおける結合点と類比的であることと、ヤスパースの哲学が自然神学的であることを明らかにした。ただしそれが、あくまで類比的であり、自然神学的であるにとどまることに注意が必用である。ヤスパースにおける理性が無媒介的に超在へと関係するのに対して、ブルンナーにおける結合点はイエス・キリストという外在的なものを必要とし、ヤスパースの哲学はそれゆえ、——少なくともキリスト教的な意味での——自然神学ではない。このことをバルトのヤスパース批判を通じて明確にした。

従来のヤスパース研究における理解とは違って、ブルンナーやバルトのみならず、ブルトマン、ブーリ、ティリッヒ、ハインリヒ・バルトといった、二〇世紀ドイツ語圏のプロテスタントの思想家とヤスパースは近い。そこには両者の同時代的な共通性がある。しかし両者の近さの中には、決定的な遠さがあり、それは戦後に展開されたヤスパース〈の〉プロテスタンティズムにおいて、はっきりと示される。

ヤスパースのキリスト教批判の骨子は、イエス・キリストにおける神の客体的な固定化に対する不満である。キリスト教においては神が具体性を持っており、神が私たちに出会う保証が与えられている。このことが批判されるのである。

しかしながらこの点こそが、キリスト教のヤスパース批判として返ってくるのである。ヤスパースにおいては超在が具体性を欠いており、超在が私たちに出会う保証を欠いているのだ、と。ブーリやティリッヒ、ハインリヒ・バルト、カール・バルトのヤスパース批判によって見た通りである。

松田が指摘するように、キリスト論は救済論的な動機を前提している。[342] ヤスパースのキリスト教批判には、この観点が欠けているという。ヤスパースはすべてが神の象徴（＝暗号）となりうると言うが、「神への道が複数あることだけを語っても個人の救いには何の益があるのだろうか」。[343]

松田のヤスパース批判は的確であるのだろう。しかしながらヤスパースのこの「限界」こそがヤスパースの根本態度なのである。「私の哲学することの根本態度は、いわば永遠の飢えの苦しみである」（Ant 821）。哲学者としてこの限界を踏み越えないこと、その苦しみを引き受けることと、そこにヤスパースの一貫した誠実性＝真実性 Warhhaftigkeit を見て取ることができるのである。

文　献

1　ヤスパースの著作の略号

AJ　*Briefwechsel* 1926-1969 (zus. Hannah Arendt). Lötte Köhler / Hans Saner (Hgg.), München / Zürich (Piper) 1985.

Ant　„Antwort“ In: Paul Arthur Schilpp (Hg.): *Karl Jaspers*. Stuttgart (W. Kohlhammer) 1957, S. 750-852.

AP4　*Allgemeine Psychopathologie*. 4. Aufl., Berlin u.a. (Springer) 1946.

BJ　„Briefwechsel Fritz Buri / Karl Jaspers 1949 bis 1963 (zus. mit Fritz Buri)“ In: *Bulletin 1 (1998) der Internationalen Fritz-Buri-Gesellschaft für Denken und Glauben im Welthorizont*. Lugern, 1998, S. 46-62.

BR　„Von der biblischen Religion“ In: *Die Wandlung*. Jg. 1, Heidelberg (Carl Winter) 1946, S. 406-413.

Ch	*Chiffren der Transzendenz*. München / Zürich (Piper) 1970.
EG	„Vom europäischen Geist" In: *Rechenschaft und Ausblick*. München / Zürich (Piper) 1958, S. 275-311.
Ei	*Einführung in die Philosophie*. München / Zürich (Piper) 1953.
Ex	*Existenzphilosophie*. Berlin u.a. (de Gruyter) 1956.
FE	*Die Frage der Entmythologisierung* (zus. Rudolf Bultmann). München / Zürich (Piper) 1981.
GP	*Die Großen Philosophen*. München / Zürich (Piper) 1957.
GS	*Die Geistige Situation der Zeit*. 5. Aufl., Berlin u.a. (de Gruyter) 1965.
GW	„Geleitwort für die Zeitschrift »Die Wandlung«" In: *Rechenschaft und Ausblick*. München / Zürich (Piper) 1958, S. 174-178.
KH	„Die Kraft der Hoffnung" In: *Die Hoffnung unserer Zeit*. München / Zürich (Piper) 1963, S. 9-23.
nRA	„Die nichtchristlichen Religionen und das Abendland" In: *Philosophie und Welt. Reden und Aufsätze*. München / Zürich (Piper) 1958, S. 156-166.
PA	*Philosophische Autobiographie*, Erweitere Neuausgabe. München / Zürich (Piper) 1977.
PG	*Der philosophische Glaube*. Neuausgabe. München / Zürich (Piper) 1974.
PGcO	„Der philosophische Glaube angesichts der christlichen Offenbarung" In: Gerhard Huber (Hg.): *Philosophie und Christliche Existenz. Festschrift für Heinrich Barth. Zum 70. Geburtstag am 3. Februar 1960*. Basel / Stuttgart (Helbing & Lichtenhahn) 1960, S. 1-92.

PGO *Der philosophische Glaube angesichts der Offenbarung*. München / Zürich (Piper) 1962.
PO „Philosophie und Offenbarungsglaube. Ein Gespräch mit Heinz Zahrnt“ In: *Provokationen*. Hans Saner (Hg.), München / Zürich (Piper) 1969, S. 63-92.
SW *Schicksal und Wille. Autobiographische Schriften*. Hans Saner (Hg.), München / Zürich (Piper) 1967.
VdW *Von der Wahrheit*. München / Zürich (Piper) 1991.
VE *Vernunft und Existenz*. Neuausgabe. München / Zürich (Piper) 1973.
VuW *Vernunft und Widervernunft in unserer Zeit*. München / Zürich (Piper) 1950.
WP *Weltgeschichte der Philosophie. Einleitung*. Hans Saner (Hg.), München / Zürich (Piper) 1982.
I, II, III *Philosophie*. Bde. I, II, III. 4. Aufl. Berlin u.a. (Springer) 1973.

2 その他の文献（本文中に記載したもののみを挙げる）

Bainton, Roland H.: *Here I stand. A life of Martin Luther*. New York (The New American Library) 1950.
Barth, Heinrich: „Das »Wort von der Versöhnung«“ In: Ders.: *Existenzphilosophie und neutestamentliche Hermeneutik. Abhandlungen*. Günther Hauff (Hg.), Basel / Stuttgart (Schwabe) 1967.
Barth, Heinrich: *Descartes' Begründung der Erkenntnis*. Diss., Bern, 1913.
Barth, Heinrich: „Die Krisis der Humanität“ In: Georg Metz / Karl Barth / Friedrich Gogarten / Eduard Thurneysen (Hgg.): *Zwischen den Zeiten*. Jg. 8, Heft 6, München (Chr. Kaiser) 1930, S. 454-474.

Barth, Heinrich: *Die Seele in der Philosophie Platons*. Tübingen (J.C.B. Mohr) 1921.

Barth, Heinrich: „Echter und falscher Existentialismus" In: Ders.: *Existenzphilosophie und neutestamentliche Hermeneutik. Abhandlungen*. Günther Hauff (Hg.), Basel / Stuttgart (Schwabe) 1967, S. 100-110.

Barth, Heinrich: *Erkenntnis der Existenz*. Basel (Schwabe) 1965.

Barth, Heinrich: „Gotteserkenntnis" In: Jürgen Moltmann (Hg.): *Anfänge der dialektischen Theologie. Teil I. Karl Barth, Heinrich Barth, Emil Brunner*. München (Chr. Kaiser) 1962, S. 221-255.

Barth, Heinrich: *Grundriß einer Philosophie der Existenz*. Christian Graf / Cornelia Müller / Herald Schwaetzer (Hgg.), Regensburg (S. Roderer) 2007.

Barth, Heinrich: „Grundzüge einer Philosophie der Existenz in ihrer Beziehung zur Glaubenswahrheit" In: Ders.: *Existenzphilosophie und neutestamentliche Hermeneutik. Abhandlungen*. Günther Hauff (Hg.), Basel / Stuttgart (Schwabe) 1967, S. 112-124.

Barth, Heinrich: „Karl Jaspers über Glaube und Geschichte" In: Hans Saner (Hg.): *Karl Jaspers in der Diskussion*. München / Zürich (Piper) 1973, S. 274-296.

Barth, Heinrich: „Kierkegaard, der Denker" In: Georg Metz / Karl Barth / Friedrich Gogarten / Eduard Thurneysen (Hgg.): *Zwischen den Zeiten*. Jg. 4, Heft 3, München (Chr. Kaiser) 1926, S. 194-234.

Barth, Heinrich: „Philosophie der Existenz" In: Ders.: *Existenzphilosophie und neutestamentliche Hermeneutik. Abhandlungen*. Günther Hauff (Hg.), Basel / Stuttgart (Schwabe) 1967, S. 33-53.

Barth, Heinrich: „Philosophie, Theologie und Existenzproblem" In: Georg Metz / Karl Barth / Friedrich

Gogarten / Eduard Thurneysen (Hgg.): *Zwischen den Zeiten*. Jg. 10, Heft 2, München (Chr. Kaiser) 1932, S. 97-124.

Barth, Heinrich: „Zur Hermeneutik des neuen Testamentes“ In: Ders.: *Existenzphilosophie und neutestamentliche Hermeneutik. Abhandlungen*. Günther Hauff (Hg.), Basel / Stuttgart (Schwabe) 1967, S. 254-361.

Barth, Karl: *Die kirchliche Dogmatik. Bd. 2. Die Lehre von Gott*. 1. Teil. Zürich (Theologischer Verlag) 1942.

Barth, Karl: *Die kirchliche Dogmatik. Bd. 3. Die Lehre von der Schöpfung*. 2. Teil. Zürich (Theologischer Verlag) 1948.

Barth, Karl: *Die kirchliche Dogmatik. Bd. 3. Die Lehre von der Schöpfung*. 4. Teil. Zürich (Evangelischenr Verlag) 1951.

Barth, Karl: *Die kirchliche Dogmatik. Bd. 4. Die Lehre von der Versöhnung*. 1. Teil. Zürich (Theologischer Verlag) 1953.

Barth, Karl: *Gesamtausgabe. II. Der Römerbrief (Zweite Fassung) 1922*. Cornelis van der Kooi / Katja Tolstaja (Hg.), Zürich (Theologischer Verlag) 2010.

Barth, Karl: *Gesamtausgabe. V. Briefe. Karl Barth – Eduard Thurneysen. Briefwechsel. Band 1: 1913-1921*. Eduard Thurneysen (Hg.), Zürich (Theologischer Verlag) 1973.

Karl Barth: *Gesamtausgabe. V. Brief. Karl Barth – Rudolf Bultmann. Briefwechsel 1922-1966*. Bernd Jaspert (Hg.), Zürich (Theologischer Verlag) 1971.

Barth, Karl: „Nein! Antwort an Emil Brunner“ In: Karl Barth / Eduard Thurneysen (Hgg.): *Theologische Existenz heute*. Heft 14, München (Chr. Kaiser) 1934, S. 1-64.

Barth, Karl: „Philosophie und Theologie“ In: Gerhard Huber (Hg.): *Philosophie und Christliche Existenz. Festschrift für Heinrich Barth. Zum 70. Geburtstag am 3. Februar 1960.* Basel / Stuttgart (Helbing & Lichtenhahn) 1960, S. 93-117.

Barth, Karl: *Rudolf Bultmann. Ein Versuch, ihn zu verstehen*. Zürich (Evangelischer Verlag) 1952.

Beintker, Horst: *Die Überwindung der Anfechtung bei Luther. Eine Studie zu seiner Theologie nach dem Operationes in Psalmos 1519-21.* Berlin (Evangelische Verlagsanstalt) 1954.

Bollnow, Otto Friedrich: *Neue Geborgenheit. Das Problem einer Überwindung des Existentialismus*. Stuttgart (W. Kohlhammer) 1955.

Bollnow, Otto Friedrich: *Otto Friedrich Bollnow im Gespräch*. Hans-Peter Göbbeler / Hans-Ulrich Lessing (Hgg.), mit einem Vorwort von Frithjof Rodi, Freiburg / München (Alber) 1983.

Bollnow, Otto Friedrich: *Wesen und Wandel der Tugenden*. Frankfurt a.M. (Ullstein) 1958.

Bornkamm, Heinrich: *Luther im Spiegel der deutschen Geistesgeschichte. Mit ausgewählten Texten von Lessing bis zur Gegenwart*. Heidelberg (Quelle & Meyer) 1955.

Brunner, Emil: „Die andere Aufgabe der Theologie“ In: Georg Metz / Karl Barth / Friedrich Gogarten / Eduard Thurneysen (Hgg.): *Zwischen den Zeiten*. Jg. 7, Heft 3, München (Chr. Kaiser) 1929, S. 255-276.

Brunner, Emil: „Die Frage nach dem ‚Anknüpfungspunkt‘ als Problem der Theologie“ In: Georg

Metz / Karl Barth / Friedrich Gogarten / Eduard Thurneysen (Hgg.): *Zwischen den Zeiten*. Jg. 10, Heft 6, München (Chr. Kaiser) 1932, S. 505-532.

Brunner, Emil: *Natur und Gnade. Zum Gespräch mit Karl Barth*. Tübingen (J.C.B. Mohr) 1934.

Brunner, Emil: *Wahrheit als Begegnung*. 2. Aufl. Zürich (Zwingli-Verlag) 1963.

Bühler, Paul: *Die Anfechtung bei Martin Luther*. Zürich (Zwingli-Verlag) 1942.

Bultmann, Rudolf: *History and Eschatology*. Edingburgh (The University Press) 1957.

Bultmann, Rudolf: „Neues Testament und Mythologie. Das Problem der Entmythologisierung der neutestamentlichen Verkündigung“ In: Hans-Werner Bartsch (Hg.): *Kerygma und Mythos. Bd. 1. Ein theologisches Gespräch*. Hamburg (Reich & Heidlich) 1948, S. 15-53.

Buri, Fritz: *Albert Schweitzer und Karl Jaspers*. Zürich (Altemis) 1950.

Buri, Fritz: „Christliche Lehre und philosophischer Glaube“ In: Ders.: *Zur Theologie der Verantwortung*. Bern / Stuttgart (Paul Haupt) 1971, S. 34-38.

Buri, Fritz: „Christus gestern und heute“ In: *Schweizerische Theologische Umschau*. Jg. 18. Bern (Bücher & Co.) 1948, S. 97-117.

Buri, Fritz: *Der Buddha-Christus als der Herr des wahren Selbst. Die Religionsphilosophie der Kyoto-Schule und das Christentum*. Bern / Stuttgart (Paul Haupt) 1982.

Buri, Fritz: *Die Substanz des christlichen Glaubens. Ihr Verlust und ihre Neugewinnung. Eine Besinnung im Blick auf Gerhard Szczesnys „Die Zukunft des Unglaubens“*. Tübingen (J.C.B. Mohr) 1960.

Buri, Fritz: *Dogmatik im Dialog. Bd. 2: Theologie-Offenbarung-Gotteserkenntnis* (zus. Jan Milič

Lochman / Heinrich Ott). Gütersloh (Gütersloher Verlagshaus Gerd Mohn) 1974.

Buri, Fritz: „Entmythologisierung oder Entkerygmatisierung der Theologie?“ In: Ders.: *Zur Theologie der Verantwortung*. Bern / Stuttgart (Paul Haupt) 1971, S. 39-56.

Buri, Fritz: „Karl Jaspers – ein Lehrer der Kirche“ In: Ders.: *Zur Theologie der Verantwortung*. Bern / Stuttgart (Paul Haupt) 1971, S. 62-70.

Buri, Fritz: *Mein Weg*. Basel, Privatdruck, 1987.

Buri, Fritz: „Philosophischer Glaube und Offenbarungsglaube im Denken von Karl Jaspers“ In: *Theologische Zeitschrift*. Jg. 39. Basel (Friedrich Reinhardt) 1983, S. 204-226.

Buri, Fritz: *Theologie der Existenz*. Bern / Stuttgart (Paul Haupt) 1954.

Buri, Fritz: „Theologie der Existenz“ (Referat) In: Ders.: *Zur Theologie der Verantwortung*. Bern / Stuttgart (Paul Haupt) 1971, S. 159-168.

Buri, Fritz: „Theologie und Philosophie“ In: *Theologische Zeitschrift*. Jg. 8. Basel (Friedrich Reinhardt) 1952, S. 116-134.

Busch, Eberhard: *Karl Barths Lebenslauf nach seinen Briefen und autobiographischen Texten*. 3. Aufl. München (Chr. Kaiser) 1978.

Drosdowski, Günter (Hg.): *Duden. Das große Wörterbuch der deutschen Sprache in sechs Bänden*. Bd. 3. Mannheim u.a. (Dudenverlag) 1979.

Drosdowski, Günter (Hg.): *Duden Etymologie: Herkunftswörterbuch der deutschen Sprache*. 2. Aufl., Mannheim u.a. (Dudenverlag) 1989.

Eckhart, Meister: *Die deutschen Werke.* Bd. 5. Josef Quint (Hg.), Stuttgart (W. Kohlhammer) 1963.

ガリレイ、ガリレオ「偽金鑑識官」山田慶児／谷泰訳、豊田利幸責任編集『ガリレオ』（世界の名著二六）所収、一九七九年、二七一―五四七頁。

Graf, Christian: *Ursprung und Krisis. Heinrich Barths existential-gnoseologischer Grundansatz in seiner Herausbildung und im Kontext neuerer Debatten.* Basel (Schwabe) 2008.

羽田功『洗礼か死か――ルター・十字軍・ユダヤ人』林道舎、一九九三年。

原一子「沈黙期のヤスパース」、『聖学院大学論叢』第一五巻第二号所収、二〇〇三年、一一五―一三五頁。

林田新二『ヤスパースの実存哲学』弘文堂、一九七一年。

Hertel, Wolf: *Existentieller Glaube. Eine Studie über den Glaubensbegriff von Karl Jaspers und Paul Tillich.* Meisenheim am Glan (Anton Hain) 1971.

Höfer, Josef / Rahner, Karl (Hgg.): *Lexikon für Theologie und Kirche.* Bd. 10. Freiburg (Herder), 1965.

Höfling, Ohtmar: *Insecuritas als Existential. Eine Untersuchung zur philosophischen Antholopologie Peter Wusts.* Diss. München, 1963.

Hommel, Claus Uwe: *Chiffre und Dogma. Von Verhältnis der Philosophie zur Religion bei Karl Jaspers.* Zürich (Evangelischer Verlag) 1968.

本間英世「ペーター・ヴスト《（ママ）》の哲学的人間論についての一考察」、『ドイツ語圏研究』第九号所収、上智大学、一九九二年、三八―五七頁。

Huber, Gerhard: „Heinrich Barths Philosophie“ In: Ders. (Hg.): *Philosophie und Christliche Existenz.*

Festschrift für Heinrich Barth. Zum 70. Geburtstag am 3. Februar 1960. Basel / Stuttgart (Helbing & Lichtenhahn) 1960, S. 199-249.

池田智『アーミッシュの人びと――「従順」と「簡素」の文化』サイマル出版、一九九三年。

Jaspers, Karl: *Das Wagnis der Freiheit. Gesammelte Aufsätze zur Philosophie*. Hans Saner (Hg.), München / Zürich (Piper) 1996.

Jaspers, Karl: *Korrespondenzen. Philosophie*. Dominic Kaegi / Reiner Wiehl (Hgg.), Göttingen (Wallstein) 2016.

カルヴァン、ジャン『キリスト教綱要』改訳版、第一篇・第二篇、渡辺信夫訳、新教出版社、二〇〇七年。

金子晴勇『ルターの人間学』創文社、一九七五年。

金子晴勇『ルターの宗教思想』日本基督教団出版局、一九八一年。

笠井恵二『シュヴァイツァー――その生涯と思想』新教出版社、一九八九年。

川端純四郎「ブルトマンにおける実存的宗教論の問題」、『日本の神学』第五号所収、日本基督教学会、一九六六年、一六―二六頁。

Konrad, Franz: *Das Offenbarungsverständnis in der evangelischen Theologie*. München (Max Huber) 1971.

栗林輝夫『現代神学の最前線《フロント》――「バルト以後」の半世紀を読む』新教出版社、二〇〇四年。

Loewenich, Walther von: *Luthers theologia crucis*. 5. Aufl. Witten (Luther-Verlag) 1967.

Löwenstein, Julius Izhak: „Das Judentum in Jaspers' Denken“ In: Paul Arthur Schilpp (Hg.): *Karl*

Jaspers. Stuttgart (W. Kohlhammer) 1957, S. 377-399.

Luther, Martin: „Auslegungen über die Epistel an die Galater" In: *Dr. Martin Luthers Sämmtliche Schriften*. Bd. 9. Johann Georg Walch (Hg.), Missouri (St. Louis) 1893, S. 1-809.

Luther, Martin: „Auslegungen über die Psalmen" In: *Dr. Martin Luthers Sämmtliche Schriften*. Bd. 4. Johann Georg Walch (Hg.), Missouri (St. Louis) 1895.

Luther, Martin: „Die Heidelberger Disputation" In: *Luther Deutsch. Die Werke Martin Luthers in neuer Auswahl für die Gegenwart*. Bd. 1. Kurt Aland (Hg.), Göttingen (Vandenhoeck & Ruprecht) 1969, S. 379-394.

Luther, Martin: „Erste Vorlesung über die Psalmen" In: *Luther Deutsch. Die Werke Martin Luthers in neuer Auswahl für die Gegenwart*. Bd. 1. Kurt Aland (Hg.), Göttingen (Vandenhoeck & Ruprecht) 1969, S. 19-106.

Luther, Martin: *D. Martin Luthers Werke. Kritische Gesamtausgabe. Tischreden*. Bd. 4. Weimar (Hermann Böhlaus Nachfolger) 1916.

Luther, Martin: „Vom unfreien Willen" In: *Luther Deutsch. Die Werke Martin Luthers in neuer Auswahl für die Gegenwart*. Bd. 3. Kurt Aland (Hg.), Göttingen (Vandenhoeck & Ruprecht) 1961, S. 151-334.

Luther, Martin: „Von der Freiheit eines Christenmenschen" In: *Luther Deutsch. Die Werke Martin Luthers in neuer Auswahl für die Gegenwart*. Bd. 2. Kurt Aland (Hg.), Göttingen (Vandenhoeck & Ruprecht) 1981, S. 251-274.

Luther, Martin: „Von der heiligen Taufe“ In: *D. Martin Luthers Werke. Kritische Gesamtausgabe*. Bd. 37. Weimar (Hermann Böhlaus Nachfolger) 1910, S. 627-672.

Luther, Martin: „Vorlesung über den Römerbrief“ In: *Luther Deutsch. Die Werke Martin Luthers in neuer Auswahl für die Gegenwart*. Bd. 1. Kurt Aland (Hg.), Göttingen (Vandenhoeck & Ruprecht) 1969, S. 107-262.

Luther, Martin: „Vorrede zu Band I der lateinischen Schriften der Wittenberger Luther-Ausgabe“ In: *Luther Deutsch. Die Werke Martin Luthers in neuer Auswahl für die Gegenwart*. Bd. 2. Kurt Aland (Hg.), Göttingen (Vandenhoeck & Ruprecht) 1981, S. 11-21.

ルター、マルティン『キリスト者の自由――訳と注解』徳善義和訳、教文館、二〇一一年。

マルセル、ガブリエル「ペーター・ヴーストの敬虔論」三嶋唯義訳、『存在と所有・現存と不滅』（マルセル著作集第二巻）所収、春秋社、一九七一年、二三六―二六四頁。

松田央『キリスト論――救済論の視点から』（キリスト教歴史双書一八）、南窓社、二〇〇〇年。

McGrath, Alister E.: *Christian Theology. An Introduction*. 3rd. ed. Oxford (Blackwell) 2001.

McGrath, Alister E.: *Luther's theology of the cross*. Oxford (Blackwell) 1993.

峰島旭雄編『ヤスパース――哲学的信仰の哲学』以文社、一九七八年。

Löbel, Marc: „Peter Wust christlicher Existenzdenker“ In: Ekkehard Blattmann (Hg.): *Peter Wust. Aspekte seines Denkens. F. Werner Veauthier zum Gedächtnis*. Münster (Lit) 2004, S. 63-85.

Lohner, Alexander: *Peter Wust: Ungewißheit und Wagnis. Eine Gesamtdarstellung seiner Philosophie*. 2. Aufl., Paderborn u.a. (Ferdinand Schöningh) 1995.

Lutzenberger, Helmut: *Das Glaubensproblem in der Religionsphilosophie der Gegenwart in der Sicht von Karl Jaspers und Peter Wust*. Diss. München, 1962.

小田垣雅也『知られざる神に——現代神学の展望と課題』創文社、一九八〇年。

Okada, Satoshi: „Philosophie und / oder Theologie der Existenz. Karl Jaspers und Fritz Buri: Stationen einer Begegnung" In: *Jahrbuch der Österreichischen Karl-Jaspers-Gesellschaft*. 29, Wien (Studien) 2017, S. 161-179.

大木英夫『終末論』紀伊國屋書店、一九七九年。

大河内了義「ヤスパース教授のこと（1）」、『近代』第三四号所収、神戸大学近代発行会、一九六三年、一—一二頁。

Ott, Heinrich: „Zur Wirkungsgeschichte der Entmythologisierungsdebatte" In: Karl Jaspers: *Die Frage der Entmythologisierung* (zus. Rudolf Bultmann). München / Zürich (Piper) 1981, S. 7-26.

Pannenberg, Wolfhart: *Theologie und Philosophie. Ihr Verhältnis im Licht ihrer gemeinsamen Geschichte*. Göttingen (Vandenhoeck & Ruprecht) 1996.

Pfleger, Karl: *Dialog mit Peter Wust. Briefe und Aufsätze*. Heidelberg (Kerle) 1949.

Pinomaa, Lennart: *Der existenzielle Charakter der Theologie Luthers. Das Hervorbrechen der Theologie der Anfechtung und ihre Bedeutung für das Lutherverständnis*. Helsinki (Akateeminen Kirjakauppa) 1940.

Ratzinger, Joseph: *Aus meinem Leben (1927-1977)*. Stuttgart (Deutsche Verlags-Anstalt) 1998.

Saner, Hans: „Einmütigkeit und Differenz" In: *Bulletin 1 (1998) der Internationalen Fritz-Buri-*

Gesellschaft für Denken und Glauben im Welthorizont. Lugern, 1998, S. 23-41.

Saner, Hans: *Karl Jaspers in Selbstzeugnissen und Bilddokumenten*. Hamburg (Rowohlt Taschenbuch) 1970.

佐藤敏夫「現代終末論の問題状況」、『福音と世界』一二（特集・現代の終末論）所収、新教出版社、一九六七年、二四―四九頁。

Schinzinger, Robert: *Erinnerungen an Karl Jaspers*. Tokyo (Asahi) 1974.

Schüßler, Werner: „Das Symbol als Sprache der Religion. Paul Tillichs Programm einer ‚Deliteralisierung' religiöser Sprache" In: Ders. (Hg.): *Wie lässt sich über Gott sprechen? Von der negativen Theologie Plotins bis zum religiösen Sprachspiel Wittgensteins*. Darmstadt (Wissenschaftliche Buchgesellschaft) 2008, S. 169-201.（ヴェルナー・シュスラー「宗教の言語としての象徴：パウル・ティリッヒによる宗教的言語の「非字義化」のプログラム」岡田聡訳、ヴェルナー・シュスラー編『神についていかに語りうるか――プロティノスからウィトゲンシュタインまで』芦名定道監訳所収、日本キリスト教団出版局、二〇一八年、二三五―二六〇頁。）

Schüßler, Werner: „Der absolute transzendente Gott. Negative Theologie bei Karl Jaspers?" In: *Jahrbuch der Österreichischen Karl-Jaspers-Gesellschaft*. 5, Innsbruch u.a. (Studien) 1992, S. 27-47.

Schüßler, Werner: „‚Der Mensch ist unheilbar religiös.' Zu Paul Tillichs dynamischem Glaubensbegriff" In: *Freiburger Zeitschrift für Philosophie und Theologie*. Bd. 40. Freiburg (Paulsverlag) 1993, S. 288-311.

Schüßler, Werner: *„Geborgenheit in der Ungeborgenheit." Einführung in Leben und Werk des Philo-*

sophen Peter Wust (1884-1940). Münster (Lit) 2008.

Schüßler, Werner: *Jaspers zur Einführung*. Hamburg (Junius) 1995.（ヴェルナー・シュスラー『ヤスパース入門』岡田聡訳、月曜社、二〇一五年。）

Schüßler, Werner: *Jenseits von Religion und Nicht-Religion. Der Religionsbegriff im Werke Paul Tillichs*. Frankfurt a.M. (Athenäum) 1989.

Schüßler, Werner: *Paul Tillich*. München (C.H. Beck) 1997.

Schüßler, Werner: „Philosophischer und religiöser Glaube. Karl Jaspers im Gespräch mit Paul Tillich“ In: *Theologische Zeitschrift*. 69, Basel (Friedrich Reinhardt) 2013, S. 24-52.（ヴェルナー・シュスラー「哲学的信仰と宗教的信仰――パウル・ティリッヒと対話するカール・ヤスパース」岡田聡訳、『哲学世界』第三七号所収、早稲田大学大学院文学研究科人文科学専攻哲学コース、二〇一五年、七一―一〇一頁。）

Schüßler, Werner: „Zum Verhältnis von Autorität und Offenbarung bei Karl Jaspers und Paul Tillich“ In: Kurt Salamun (Hg.): *Philosophie-Erziehung-Universität. Zu Karl Jaspers' Bildungs- und Erziehungsphilosophie*. Frankfurt a.M. u.a. (Peter Lang) 1995, S.141-157.

Schweitzer, Albert / Buri, Fritz: *Existenzphilosophie und Christentum. Briefe 1935-1964*. München (C.H. Beck) 2000.

Schweitzer, Albert: *Gesammelte Werke in fünf Bänden*. Zürich (C.H. Beck) 1974.

Seeberg, Erich: *Luthers Theologie*. Bd. 1. Göttingen (Vandenhoeck & Reprecht) 1929.

茂牧人『ハイデガーと神学』知泉書院、二〇一一年。

Soentgen, Jens: „Der vergessene Bruder. Über den Philosophen Heinrich Barth“ In: *Neue Züricher Zeitung*. 27/28, November 1999.

Sommer, Andreas Urs: „Einleitung. Albert Schweitzer und Fritz Buri in Freundschaft und Widerstreit“ In: Albert Schweitzer / Fritz Buri: *Existenzphilosophie und Christentum. Briefe 1935-1964*. München (C.H. Beck) 2000, S. 13-70.

田所康『ルターにおける義認思想の研究——「塔の体験」の時期と内容』キリスト新聞社出版事業部、二〇〇七年。

竹原創一「ルターにおける試練について——第二回詩篇講義より」、『基督教学研究』第一〇号所収、京都大学基督教学会、一九八八年、八〇—一〇四頁。

竹原創一「ルターの信仰義認論——「隠された神」との関連で」、新教出版社編集部編『宗教改革と現代——改革者たちの五〇〇年とこれから』新教出版社所収、二〇一七年、一六—二二二頁。

Thyssen, Johannes: „Der Begriff des Scheiterns bei Karl Jaspers“ In: Paul Arthur Schilpp (Hg.): *Karl Jaspers*. Stuttgart (W. Kohlhammer) 1957, S. 285-322.

Tillich, Paul: „Der Protestantismus als kritisches und gestaltendes Prinzip“ In: Ders.: *Der Protestantismus als Kritik und Gestaltung. Schriften zur Theologie I. Gesammelte Werke*. Bd. VII. Renate Albrecht (Hg.), Stuttgart (Evangelischer Verlag) 1970, S. 29-53.

Tillich, Paul: „Die Hoffnung der Christen“ In: Ders.: *Offenbarung und Glaube. Schriften zur Theologie II. Gesammelte Werke*. Bd. VIII. Renate Albrecht (Hg.), Stuttgart (Evangelischer Verlag) 1970, S.

252-256.

Tillich, Paul: „Ende der protestantischen Ära? I“ In: Ders.: *Der Protestantismus als Kritik und Gestaltung. Schriften zur Theologie I. Gesammelte Werke*. Bd. VII. Renate Albrecht (Hg.), Stuttgart (Evangelischer Verlag) 1970, S. 159-170.

Tillich, Paul: „Kairos“ In: Ders.: *Main Works / Hauptwerke*. Vol. / Bd. 4. Carl Heinz Ratschow (Ed. / Hg.), Berlin u.a. (de Gruyter) 1987, S. 53-72.

Tillich, Paul: „Prinzipien des Protestantismus“ In: Ders.: *Der Protestantismus als Kritik und Gestaltung. Schriften zur Theologie I. Gesammelte Werke*. Bd. VII. Renate Albrecht (Hg.), Stuttgart (Evangelischer Verlag) 1970, S.133-140.

Tillich, Paul: „Protestantisches Prinzip und proletatische Situation“ In: Ders.: *Der Protestantismus als Kritik und Gestaltung. Schriften zur Theologie I. Gesammelte Werke*. Bd. VII. Renate Albrecht (Hg.), Stuttgart (Evangelischer Verlag) 1970, S. 84-123.

Tillich, Paul: „Religiöser Symbolismus“ In: Ders.: *Die Frage nach dem Unbedingten. Schriften zur Religionsphilosophie. Gesammelte Werke*. Bd. V. Renate Albrecht (Hg.), Stuttgart (Evangelischer Verlag) 1970.

Tillich, Paul: *Systematic Theology*. Vol. 1. Chicago (The University of Chicago Press) 1951.

Tillich, Paul: „Wesen und Wandel des Glaubens“ In: Ders.: *Offenbarung und Glaube. Schriften zur Theologie II. Gesammelte Werke*. Bd. VIII. Renate Albrecht (Hg.), Stuttgart (Evangelischer Verlag) 1970, S. 111-196.

ティリッヒ、パウル「宗教社会学の根本理念」、『文化と宗教』所収、高木八尺編訳、岩波書店、一九六二年、一〇七―一二〇頁。
土佐明「非神話化論争におけるヤスパースとブルトマンの距離――ヤスパースのキリスト教理解を中心に」、『北陸宗教文化』第一四号所収、北陸宗教文化学会、二〇〇二年、九一―一〇九頁。
Vogelsang, Erich: *Der angefochtene Christus bei Luther*. Berlin u.a. (de Gruyter) 1932.
渡辺信夫『カルヴァンの『キリスト教綱要』を読む』新教出版社、二〇〇七年。
Weischedel, Wilhelm: „Von der Gelassenheit" In: Ders.: *Philosophische Grenzgänge. Vorträge und Essays*. Stuttgart (W. Kohlhammer) 1967, S. 111-115.
Werner, Martin: *Der religiöse Gehalt der Existenzphilosophie*. Bern / Leipzig (Paul Haupt) 1943.
Werner, Martin: „Existenzphilosophie und Christentum bei Karl Jaspers" In: *Schweizerische Theologieshe Umschau*. Jg. 23. Bern (Bücher & Co.) 1953, S. 21-40
Wust, Peter: *Der Mensch und die Philosophie. Einführung in die Hauptfragen der Existenzphilosophie.* Münster (Lit) 2014.
Wust, Peter: *Ein Abschiedswort*. 3. Aufl., Münster (Lit) 2010.
Wust, Peter: *Gesammelte Werke*. 10 Bde., Wilhelm Vernekohl (Hg.), Münster (Regensberg) 1963 ff.
Wust, Peter: *Ungewißheit und Wagnis*. Münster (Lit) 2009.
Wust, Peter: „Zum Begriff einer christlichen Philosophie" In: *Catholica. Vierteljahresschrift für Kontroverstheologie*. 1. Paderborn (Winfriedbund) 1932, S. 37 ff.

八木誠一「非神話化の問題点」、『実存主義』第三八号（特集・非神話化）所収、実存主義協会、一九六六年、一四―二〇頁

山谷省吾／高柳伊三郎／小川治郎編集『増訂新版新約聖書略解』日本基督教団出版局、一九八九年。

米倉充『現代神学と実存思想』創文社、一九八一年。

吉村善夫「恩寵と自然」、山本和／ローガン・ファックス編『摂理と自由――キリスト教歴史論』所収、理想社、一九五四年、八九―一一六頁。

Zager, Werner: „Zwischen Kerygma und Mythos. Karl Jaspers' und Rudolf Bultmanns Beiträge zur Debatte über die Entmythologisierung der Bibel“ In: Reinhard Schulz / Giandomenico Bonanni / Matthias Bormuth (Hgg.): *»Wahrheit ist, was uns verbindet« Karl Jaspers' Kunst zu Philosophieren.* Göttingen (Wallstein) 2009, S. 42-59.

註

（1） Vgl. Werner Schüßler: *Jaspers zur Einführung*. Hamburg (Junius) 1995, S. 81.（ヴェルナー・シュスラー『ヤスパース入門』岡田聡訳、月曜社、二〇一五年、一〇九頁。）

（2） *Die Hoffnung unserer Zeit*. München / Zürich (Piper) 1963. なお、他の執筆者は、ティリッヒ、ローレンツ、ポルトマンなど。

（3） 希望論文は、現在、Karl Jaspers: *Das Wagnis der Freiheit. Gesammelte Aufsätze zur Philosophie*. Hans Saner (Hg.), München / Zürich (Piper) 1996, S. 212-222 にも収録されている。

（4） 佐藤敏夫「現代終末論の問題状況」、『福音と世界』一二（特集・現代の終末論）所収、新教出版社、一九六七年、二四頁。

（5） 大木英夫『終末論』紀伊國屋書店、一九七九年、一五三頁。

（6） 例えば、パウル・ティリッヒ「宗教社会学の根本理念」、『文化と宗教』所収、高木八尺編訳、岩波書店、一九六二年、一〇七―一二〇頁（特に一一二頁以下）を参照。

（7） 大木『終末論』、一七九頁。

（8）同上。
（9）例えば、Paul Tillich: „Kairos" In: Ders.: *Main Works / Hauptwerke*. Vol. / Bd. 4. Carl Heinz Ratschow (Ed. / Hg.), Berlin u.a. (de Gruyter) 1987, S. 53-72を参照。
（10）佐藤「現代終末論の問題状況」、二五頁。
（11）Karl Barth: *Gesamtausgabe. II. Der Römerbrief (Zweite Fassung) 1922*. Cornelis van der Kooi / Katja Tolstaja (Hg.), Zürich (Theologischer Verlag) 2010, S. 430.
（12）Ibid., S. 16f.
（13）Ibid., S. 665.
（14）大木『終末論』、一五五頁。
（15）同上。
（16）「［永遠的なものは、］私たちの時間性、つまり過ぎ去った過去と未知の未来の連続……という意味での時間性ではない。そうではなく、永遠的なものが私たちの時間的実存の中へ突入するとき、私たちがしばしば認知するような時間性である」（Tillich: „Die Hoffnung der Christen" In: Ders.: *Offenbarung und Glaube. Schriften zur Theologie II. Gesammelte Werke*. Bd. VIII. Renate Albrecht (Hg.), Stuttgart (Evangelischer Verlag) 1970, S. 255）。
（17）「歴史の意味は常にあなたの現在にある。あなたは、それを見物人のように見ることはできず、ただみずからの責任ある決断の中でのみ見なければならない。終末論的な瞬間である可能性はあらゆる瞬間の中に眠っている。あなたはそれを目覚めさせなければならない」

(Rudolf Bultmann: *History and Eschatology.* Edingburgh (The University Press) 1957, S. 155)。

(18) ある出来事があたかも超越的なものに根拠づけられている必然的で永遠的なものであるかのように感じられるということは、こうした「決断」という局面に限られるわけではなく、人生の至る所で起こりうるものであろう。例えば「交わり」の局面がそうであって、ヤスパース自身が次のように回想しているゲルトルートとの出会いの場面がその一例であると言えるであろう。「彼女を訪問したとき、私は稲妻のような何かに打たれた。……あたかも、以前から結びついていた二人の人間が、この瞬間出会ったかのようであった」(SW 32)。

(19) Günter Drosdowski (Hg.): *Duden. Das große Wörterbuch der deutschen Sprache in sechs Bänden.* Bd. 3. Mannheim u.a. (Dudenverlag) 1979, S. 1270.

(20) 「一八歳で大学での勉強を始めたとき、私は哲学の講義に出席しました。……スピノザの中に感得していたのですが、いまだよく知らなかった未知の哲学に大きな尊敬の念を抱いていたので、それが講壇哲学と混同されることに我慢できず、私は医学研究を通して現実に身を向けたのです」(PA 115)。

(21) Drosdowski (Hg.): *Duden Etymologie: Herkunftswörterbuch der deutschen Sprache.* 2. Aufl., Mannheim u.a. (Dudenverlag) 1989, S. 227.

(22) つまり、ヤスパースが言う „Gelassenheit“ とは、「自己を超在に委ねきっている」「放念」の中で得られる「静寂」を意味する。それゆえ、ヤスパースの „Gelassenheit“ とエックハルトの „Gelassenheit“ とには、共通するところがあると言えるであろう。例えば、ティッセンは「ヤスパース神秘思想 Jasperssche Mystik」の語を用い、次のように述べている。「暗号が輝きを失うこともありうる。しかしそのときなお耐えることが、つまり放念が可能である。……飛躍の十全な実現が常に見いだされうるわけではないということから、神秘思想から知られたかの偉大な「放念」という徳が生じる」(Johannes Thyssen: „Der Begriff des Scheiterns bei Karl Jaspers" In: Paul Arthur Schilpp (Hg.): *Karl Jaspers*. Stuttgart (W. Kohlhammer) 1957, S. 309)。エックハルト『教導講話』より引用――「それゆえ私は、次のことを何よりよいことと見なす。それは、人間が自己をまったく神に委ね、たとえ恥辱や労苦、ほかのどのような苦悩を、人間に神が与えようと、人間がそれを喜びと感謝をもって甘受し、身の程をわきまえ、自己を神の導きに委ねるということである Und alsô ahte ich daz bezzer dan alliu dinc, daz *sich* der meneche *gote lâze* grœzlîche, swenne er ûf in ihtes werfen welle, ez sî smâcheit ez sî arbeit, es sî, swaz lîdens daz sî, daz er ez mit vröuden und danknœmicheit neme und *lâze sich got* mêr vüeren, dan daz sich der mensche selber dar în setze」(Meister Eckhart: *Die deutschen Werke*. Bd. 5. Josef Quint (Hg.), Stuttgart (W. Kohlhammer) 1963, S. 256 f.)。なお余談的言及ではあるが、プロテスタントの一派であるアーミッシュの生活には、いまなおあらゆる面で、「己の意志を捨てて神の御意志に完全に従う」「ゲラッセンハイト」が浸透しているという(池田智『アーミッシュの人びと――「従順」と「簡素」の文化』サイマル出版、一九九二年、一二三頁)。

(23) ヤスパースによれば、この命題は、エレミア書四五章四節以下「わたしは建てたものを破壊し、植えたものを抜く。……あなたは自分に何か大きなことを期待しているのか。そのような期待を抱いてはならない」を一言で表現したものである。Ei 38、KH 15、GP 864を参照。

(24) 同様の研究としては次のものがある。Martin Werner: *Der religiöse Gehalt der Existenzphilo-*

sophie. Bern / Leipzig (Paul Haupt) 1943; Ders: „Existenzphilosophie und Christentum bei Karl Jaspers“ In: *Schweizerische Theologieshe Umschau*. Jg. 23. Bern (Bücher & Co.) 1953, S. 21-40; 米倉充『現代神学と実存思想』創文社、一九八一年、二五五―三〇一頁。

（25）『哲学』執筆時期の講義については、原一子「沈黙期のヤスパース」、『聖学院大学論叢』第一五巻第二号所収、二〇〇三年、一二五―一三五頁を参照。

（26）シンチンガーによれば、「ヤスパースを訪れた当時［一九五二年］、彼は、戦時中聖書が自らにとってどれほど大きな慰めであったかを語った」（Robert Schinzinger: *Erinnerungen an Karl Jaspers*. Tokyo (Asahi) 1974, S. 24）。

（27）Julius Izhak Löwenstein: „Das Judentum in Jaspers’ Denken“ In: Schilpp (Hg.), *Karl Jaspers*, S. 388. なお、聖書からの引用はエレミヤ書四五章四節。

（28）Hans Saner: *Karl Jaspers in Selbstzeugnissen und Bilddokumenten*. Hamburg (Rowohlt Taschenbuch) 1970, S. 120.

（29）Löwenstein, „Das Judentum in Jaspers’ Denken“, S. 388.

（30）„Bibel“ (I 248), „Testament“ (ibid.), „testamentlich“ (III 67, III 72).

（31）「一九五二年にバーゼルにいるヤスパースに再会した。……ヤスパースの中で常に彼の哲学の背景に感じ取られた宗教的体験が、ナチズム時代の恐ろしい出来事によってさらに強まったように、私には思えた」（Schinzinger, *Erinnerungen an Karl Jaspers*, S. 21）。

（32）Claus Uwe Hommel: *Chiffre und Dogma. Von Verhältnis der Philosophie zur Religion bei Karl Jaspers*. Zürich (Evangelischer Verlag) 1968, S. 69.

（33）「一なる神」、「創造神という超在」、「人間と神の出会い」、「神の命令」、「歴史性の意識」、「苦悩」、「解決不能な事柄に対する開かれた態度」。

（34）引用文中の「インドのそして東アジアの宗教との比較に際して」に注意したい。ヤスパースはさしあたり、聖書宗教をヨーロッパ人の根拠だと見なす（vgl. PG 86）。ただし一九四九年の『歴史の起源と目標』の中で、世界史の基軸を紀元前五〇〇年前後に置く基軸時代論を展開し、聖書宗教を、アジアの宗教同様、基軸時代から生じてきたものとする。「将来の信仰は、おそらく、なお依然として、聖書宗教でさえそこから生じてきた基軸時代の基本的立場あるいはカテゴリーの中を動くであろう」（UZ 281）。すなわち、ヤスパースにおいて、ヨーロッパの根拠としての聖書宗教の自覚と、「聖書と並ぶ他の二つの偉大な宗教圏」（PG 86）の自覚とが、相互に補完的に作用し深まることによって、それらを包括する基軸時代論が生まれてきたと言えるではないだろうか。この点については、大河内了義「ヤスパース教授のこと（1）」、『近代』第三四号所収、神戸大学近代発行会、一九六三年、一—二一頁。

（35）「私たちヨーロッパ人の人間存在の将来を決定するものが、結局私たちの信仰の聖書宗教への関係いかんにあるということは、確実であるように思われる」（UZ 281）。

（36）Löwenstein, „Das Judentum in Jaspers’ Denken“, S. 388. なお、ジュネーブ講演からの引用箇所は EG 286 f.

（37）ヤスパースの啓示批判と啓示理解の狭さとについては、Schüßler: „Zum Verhältnis von Autorität und Offenbarung bei Karl Jaspers und Paul Tillich“ In: Kurt Salamun (Hg.): *Philosophie-Erziehung-Universität. Zu Karl Jaspers’ Bildungs- und Erziehungsphilosophie*. Frankfurt a.M. u.a.

(Peter Lang) 1995, S. 141-157 を参照。
（38） Hommel, *Chiffre und Dogma*, S. 70.
（39）「新約聖書だけでは、キリスト教は世界的な内実を欠いた奇妙な分派として……とうの昔に消滅したであろう」（PGO 81）。「おそらく史実的には、旧約聖書がなかったとしたら、キリスト教はまったく存続できず、とうの昔に消滅したであろう」（PO 85）。
（40）「神の独り子であり神から贈られた唯一の仲保者であるキリストを信仰する人間が、ますます少なくなっているように、今日では思われる」（PG 74）。
（41） Hommel, *Chiffre und Dogma*, S. 65.
（42） 林田新二『ヤスパースの実存哲学』弘文堂、一九七一年、二七六頁。
（43） ヤスパースは超在に対して実存的関係に立った者として、旧約のヨブの名を挙げている（vgl. III 75）。
（44） 峰島旭雄編『ヤスパース――哲学的信仰の哲学』以文社、一九七八年、二九七頁。
（45）『哲学』第二巻『実存照明』の主題は「信仰の自由」であり、同第三巻『形而上学』の主題は「信仰の直接性」であると言える。それゆえ、ヤスパースはナチズム時代に自らの思考が聖書と関係を持っていること自覚したのであって、彼の思考の内実が聖書的転回以前・以後で変化したのではない。
（46） Schüßler: „Philosophischer und religiöser Glaube. Karl Jaspers im Gespräch mit Paul Tillich“ In: *Theologische Zeitschrift*. 69, Basel (Friedrich Reinhardt) 2013, S. 25.（ヴェルナー・シュスラー「哲学的信仰と宗教的信仰――パウル・ティリッヒと対話するカール・ヤスパース」岡田聡訳、『哲学世界』

第三七号所収、早稲田大学大学院文学研究科人文科学専攻哲学コース、二〇一五年、七二頁。）

（47）ここでのヤスパースによれば、「キリスト教徒」とは、本章で述べたような意味で「聖書的に信じる人間」（PGO 53）を意味する。それゆえにヤスパースは、サルトルの想定とは別の意味で「キリスト教的」であると言って過言ないであろう。

（48）Heinrich Bornkamm: *Luther im Spiegel der deutschen Geistesgeschichte. Mit ausgewählten Texten von Lessing bis zur Gegenwart.* Heidelberg (Quelle & Meyer) 1955, S. 103.

（49）ブルトマン書簡、バルト宛、一九五二年一一月一一―一五日。「どのように実存が概念的に説明されうるかを神学が実存哲学から学ぶとき、この依存が神学を組み伏せるであろうとは思いません。逆に、パウロやアウグスティヌス、ルター、キルケゴールがハイデガーやヤスパースにとって持っていた意義から明らかになるような実存という現象を視野に入れることを、実存哲学の方が神学ないしは新約聖書から学んだのです」（Karl Barth: *Gesamtausgabe. V. Brief. Karl Barth – Rudolf Bultmann. Briefwechsel 1922-1966.* Bernd Jaspert (Hg.), Zürich (Theologischer Verlag) 1971, S. 186）。

（50）シュトッテルンハイムで雷雨に襲われたルターは、「聖アンナよ、助けてください、私は修道士になります」と叫んだという（vgl. Luther: *D. Martin Luthers Werke. Kritische Gesamtausgabe. Tischreden.* Bd. 4. Weimar (Hermann Böhlaus Nachfolger) 1916, S. 440）。

（51）ルター研究においてしばしば引かれるこの課題であるが、出典ははっきりしない。一五三四年の以下の説教か。「私自身、一五年間、修道士であり、……熱心にあらゆる誤った書物を読み、私が見いだしたあらゆることをおこなった。それでもなお私は、けっして一度も、私の洗礼によって慰められえなかった。私は常に考えたのである。「ああ、お前はいつ義となり、恩寵の神を獲得するのに das du einen gnedigen Gott kriegest 十分なことをおこなうのか」と」（Martin Luther: „Von der heiligen Taufe“ In: *D. Martin Luthers Werke. Kritische Gesamtausgabe.* Bd. 37. Weimar (Hermann Böhlaus Nachfolger) 1910, S. 661）。

（52） Luther: „Auslegungen über die Epistel an die Galater“ In: *Dr. Martin Luthers Sämmtliche Schriften.* Bd. 9. Johann Georg Walch (Hg.), Missouri (St. Louis) 1893, S. 614.

（53） Ibid., S. 209.

（54） Luther: „Vorrede zu Band I der lateinischen Schriften der Wittenberger Luther-Ausgabe“ In: *Luther Deutsch. Die Werke Martin Luthers in neuer Auswahl für die Gegenwart.* Bd. 2. Kurt Aland (Hg.), Göttingen (Vandenhoeck & Ruprecht) 1981, S. 19.

（55） Ibid.

（56） 新共同訳では「恵みの御業によって助け、逃れさせてください」、ドイツ語共同訳では „rette mich in deiner Gerechtigkeit“。

（57） ただし、この転回の時期に関しては、諸説ある。以下を参照。田所康『ルターにおける義認思想の研究――「塔の体験」の時期と内容』キリスト新聞社出版事業部、二〇〇七年。

（58） Luther: „Erste Vorlesung über die Psalmen“ In: *Luther Deutsch.* Bd. 1. 1969, S. 87.

（59） 「ここでもまた、「神の義」は、それによって神が神自身において義であるところのものとして理解されてはならず、それによって私たちが神自身によって義とされるところのものとして理解されなければならない。このことは福音への信仰において起こる」（Luther:

„Vorlesung über den Römerbrief" In: *Luther Deutsch*. Bd. 1, S. 113)。

(60) 「信仰の義は、神がキリストにより私たちのわざなしに与える最高の義であり、……まったく受動的な義である」(Luther, „Auslegungen über die Epistel an die Galater", S. 18)。

(61) Luther, „Erste Vorlesung über die Psalmen", S. 90.

(62) Luther: „Die Heidelberger Disputation" In: *Luther Deutsch*. Bd. 1, S. 388.

(63) Vgl. Alister E. McGrath: *Luther's theology of the cross*. Oxford (Blackwell) 1993, pp. 148.

(64) Luther, „Die Heidelberger Disputation", S. 389.

(65) Luther, „Vorlesung über den Römerbrief", S. 162.

(66) Vgl. McGrath, *Luther's theology of the cross*, S. 150.

(67) 金子晴勇『ルターの宗教思想』日本基督教団出版局、一九八一年、一〇六頁。

(68) Luther, „Die Heidelberger Disputation", S. 391.

(69) Luther, „Auslegungen über die Epistel an die Galater", S. 758.

(70) Erich Vogelsang: *Der angefochtene Christus bei Luther*. Berlin u.a. (de Gruyter) 1932, S. 4.

(71) Walther von Loewenich: *Luthers theologia crucis*. 5. Aufl. Witten (Luther-Verlag) 1967, S. 183.

(72) Luther: „Auslegungen über die Psalmen" In: *Dr. Martin Luthers Sämmtliche Schriften*. Bd. 4, 1895, S. 357.

(73) 新共同訳では「[神の]御業は未知のもの」、ドイツ語共同訳では „sein befremdliches Werk"。

(74) Luther, „Auslegung über die Psalmen", S. 281.

(75) Lennart Pinomaa: *Der existenzielle Charakter der Theologie Luthers. Das Hervorbrechen der Theologie der Anfechtung und ihre Bedeutung für das Lutherverständnis*. Helsinki (Akateeminen Kirjakau-

ppa) 1940, S. 189.

（76） Erich Seeberg: *Luthers Theologie.* Bd. 1. Göttingen (Vandenhoeck & Reprecht) 1929, S. 122.

（77）「ルターは、試練において神が近くにいるという主張を、それどころか、信仰が試練によって、神は試練を受ける者「のために」現われるのだということを教え、そして試練を超えて救いの最も堅い確信に至るという主張を立てる」（Horst Beintker: *Die Überwindung der Anfechtung bei Luther. Eine Studie zu seiner Theologie nach dem Operationes in Psalmos 1519-21.* Berlin (Evangelische Verlagsanstalt) 1954, S. 163）。「霊的試練は、人を神の「本来のはたらき」へ導く、神の「異なるはたらき」と言える」（竹原創一「ルターにおける試練について――第二回詩篇講義より」、『基督教学研究』第一〇号所収、京都大学基督教学会、一九八八年、八九頁）。

（78） Luther, „Auslegungen über die Psalmen“, S. 529.「試練は、父的な試練であり、父的な折檻であり、ほかのものではない。……この神的な教育法をルターは、特に試練と慰めの交代の中に見いだす。……この止むことなき交代によって、人間は、彼を脅かす両つの危険から――一面では自己義認と確かさから、他面では絶望から――守られる。……神に抗して闘うこと、すなわち、人間の感情に映るような神に抗して闘うことという課題……。さらには、神に抗して闘うことのみならず、そもそも神に抗して勝利することも問題である。それは、試練は神に由来するということから生じる最後の結論である。……この勝利は、神の怒りに対する不安から、神の父的な愛への信仰へと突き進むこととして理解されなければならない。それは、神に抗して神に逃れることである」（Paul Bühler: *Die Anfechtung bei Martin Luther.* Zürich (Zwingli-Verlag) 1942, S. 217 ff.）。

(79) Luther: „Vom unfreien Willen“ In: *Luther Deutsch*. Bd. 3. 1961, S. 248.

(80) Ibid., S. 247.

(81) Ibid., S. 248.

(82) Loewenich, *Luthers theologia crucis*, S. 35.

(83) 竹原「ルターの信仰義認論――「隠された神」との関連で」、新教出版社編集部編『宗教改革と現代――改革者たちの五〇〇年とこれから』新教出版社所収、二〇一七年、一七頁。

(84)『哲学的自伝』によると、ヤスパースは一九二〇年代前半にハイデガーを通してルターに関心を持つようになったようである。「私はハイデガーを訪ね、……彼のルター研究と、彼の仕事の徹底さを見た」(PA 93)。「ハイデガーがアウグスティヌスやトマス、ルターについて話した様子を、私は覚えている。彼はそこで働く力を見て取った。彼は私に貴重な文献をくれ、様々な個所に注意を向けてくれた」(PA 96)。なお、ハイデガーのルター研究に関しては、茂牧人『ハイデガーと神学』知泉書院、二〇一一年、特に第一章「初期フライブルク時代の神学的考察」を参照。

(85) カール・バルト。「特にヤスパースによる限界状況論は、人間の真正にキリスト教的な把握と評価――例えば選びと召命、試練の関係についてのルターによる叙述が思いつく――に少なくとも近づいているように思われる」(Karl Barth: *Die kirchliche Dogmatik. Bd. 3. Die Lehre von der Schöpfung*. 2. Teil. Zürich (Theologischer Verlag) 1948, S. 133)。

(86)「農民に敵対するルターの扇動文書、ユダヤ人に敵対する勧告(これをヒトラーがまさに実行した)」(PGO 90)。ルターの反ユダヤ主義については、以下を参照。羽田功『洗礼か死か

――ルター・十字軍・ユダヤ人』林道舎、一九九三年。
(87) 「マルクスはやはりルターのように禍いをもたらす人間であったのでしょう。そのことに決定的であったのは、思想ではなく、その思想を担った本質的性格です。デーモンは存在しませんが、それに似たものがそうした人間にはあります。彼らから解放されるためには、可能なかぎり、彼らを認識しなければなりません。しかしなによりも、できるかぎり彼らと対決しなければなりません」(AJ 241)。
(88) Luther: „Von der Freiheit eines Christenmenschen" In: *Luther Deutsch*. Bd. 2, S. 256. なお訳出にあたっては、マルティン・ルター『キリスト者の自由――訳と注解』徳善義和訳、教文館、二〇一一年を参照した。
(89) Ibid., S. 251.
(90) Ibid., S. 263.
(91) 「信仰の受動性は能動的な受動性である……。……『キリスト者の自由』は、この能動的受動性の信仰……について終始語られるものだと言ってよいであろう」(徳善「注解」、ルター『キリスト者の自由――訳と注解』所収、一四五頁以下)。
(92) 同上、一二八頁。「神の恵みと信仰……。ルターはそこから行いが必然的にまた生じることも強調してやまない」(同上、一二五三頁)。「信仰から行いへの必然性」(同上、一二五五頁)。
(93) Vgl. Roland H. Bainton: *Here I stand. A life of Martin Luther*. New York (The New American Library) 1950, S. 144.
(94) McGrath, *Luther's theology of the cross*, S. 172.

(95)「隠れたる神性は……栄光の神学と十字架の神学の対立さえ超えている」(PGO 230)。

(96) Luther, „Auslegungen über die Epistel an die Galater“, S. 501.

(97) 金子晴勇『ルターの人間学』創文社、一九七五年、四〇三頁以下。

(98) 小田垣雅也『知られざる神に——現代神学の展望と課題』創文社、一九八〇年、一七二頁以下を参照。

(99) Vgl. Karl Barth: *Die kirchliche Dogmatik. Bd. 2. Die Lehre von Gott.* 1. Teil. Zürich (Theologischer Verlag) 1942, S. 70.

(100) Bultmann: „Neues Testament und Mythologie. Das Problem der Entmythologisierung der neutestamentlichen Verkündigung“ In: Hans-Werner Bartsch (Hg.): *Kerygma und Mythos. Bd. 1. Ein theologisches Gespräch.* Hamburg (Reich & Heidlich) 1948, S. 15-53.

(101) なお、ヤスパースは一八九二年に、ブルトマンは一八九五年に、入学している。

(102) ヤスパース自身は「一九二〇年代」(FE 138)と書いているが、正確には一九三〇年である。Vgl. Werner Zager: „Zwischen Kerygma und Mythos. Karl Jaspers’ und Rudolf Bultmanns Beiträge zur Debatte über die Entmythologisierung der Bibel“ In: Reinhard Schulz / Giandomenico Bonanni / Matthias Bormuth (Hgg.): *»Wahrheit ist, was uns verbindet« Karl Jaspers’ Kunst zu Philosophieren.* Göttingen (Wallstein) 2009, S. 42-59.

(103) Bultmann, „Neues Testament und Mythologie“, S. 15.

(104) Vgl. ibid., S. 23.

(105) Ibid.

(106) Ibid.
(107) Ibid., S. 24.
(108) Ibid., S. 23.
(109) Ibid., S. 28.
(110) Ibid., S. 30.
(111) Ibid.
(112) Ibid., S. 31.
(113) Ibid., S. 35.
(114) Ibid., S. 38.
(115) Vgl. ibid., S. 41 f.
(116) Ibid., S. 39.
(117) Ibid., S. 40.
(118) Ibid., S. 42.
(119) Ibid., S. 41 f.
(120) ブーリは次のように書いている。「会話と同行が初めて不可能になるのは、ブルトマンが、排他的な一回的救済の事実の主張を持って、哲学に対して神学の境界を定めようとするところにおいてである」（Fritz Buri: „Theologie und Philosophie“ In: *Theologische Zeitschrift*. Jg. 8. Basel (Friedrich Reinhardt) 1952, S. 129）。
(121) Bultmann, „Neues Testament und Mythologie“, S. 45.

(122) Ibid.

(123) 「啓示は、……裁き、贈り与える恩寵の言葉が、そのつど一人の人間に語られる時と処でのみ、そのつど出来事でありうる」(FE 96)。「キリストは、過去の一史実 ein historisches Phänomen ではなく、語りかけ Zusage の中でそのつど現在である。その語りかけの内容は、一般的な真理ではなく、そのつど具体的な状況の中での神の呼びかけである」(ibid.)。

(124) Bultmann, „Neues Testament und Mythologie", S. 26.

(125) 八木誠一「非神話化の問題点」、『実存主義』第三八号(特集・非神話化)所収、実存主義協会、一九六六年、一四頁。他にも、川端純四郎「ブルトマンにおける実存的宗教論の問題」、『日本の神学』第五号所収、日本基督教学会、一九六六年、一六―二六頁を参照。

(126) 「[ブルトマンは、] 突然の飛躍によって、途中で中断しながら、暴力的であるように思える態度で粗暴に固執されるきわめて不条理な信仰内容へいたる」(FE 64)。しかしながらブルトマンによれば、非神話化の課題とは、現代人にとって「キリスト教信仰とは何であるか」を明らかにすることであった(vgl. FE. 85)。例えばオットは次のように書いている。「ブルトマンは自らのプログラムによって、イエスはキリストであるという実直で私心のない宣教に、ただこのことに、ただし全力をもってこのことに、寄与しようとした」(Heinrich Ott: „Zur Wirkungsgeschichte der Entmythologisierungsdebatte" In: FE 8)。ブルトマンは、ヤスパースはこの課題が分かっていない、と批判している(vgl. FE 84)。ヤスパースはキリスト教信仰の外に立ち、ブルトマンはその内にとどまるという、非神話化をめぐっての両者の立場の相違が、論争が平行線を辿った一因であるといえよう。この点については、土佐明「非神話化論争におけるヤスパースとブルトマンの距離――ヤスパースのキリスト教理解を中心に」」、『北陸宗教文化』第一四号所収、北陸宗教文化学会、二〇〇二年、九一―一〇九頁を参照。

（127）ブルトマンがあくまで「信仰によってのみ」という宗教改革的な「信仰義認論」を徹底したのに対して、ヤスパースは、宗教改革的な「全信徒祭司性」を徹底したと言うことができる。

（128）「例えばハイデッガーの哲学の場合、それはブルトマンの例に見るように、現代神学にもかなりの影響を及ぼしている。これに比べるとヤスパースの場合、その神学界への寄与は意外に微弱といわねばならない」（米倉『現代神学と実存思想』、二五七頁）。

（129）「私は常に新しい驚きをもって、自分と近しいように思われるこの神学を見ます」（一九四九年一月三〇日、BJ 47）。「ご存知のように私自身は聖書的な伝承の変革という自由な道のりのみを肯定できますし、その中で徹頭徹尾あなたと共に歩みます」（一九五〇年二月二七日、BJ 51）。

（130）マタイによる福音書一一章一四節、一七章一一節を参照。

（131）マラキ書三章二三節を参照。

（132）笠井恵二『シュヴァイツァー――その生涯と思想』新教出版社、一九八九年、一八三頁。

（133）Franz Konrad: *Das Offenbarungsverständnis in der evangelischen Theologie*. München (Max Huber) 1971, S. 158.

（134）「「非神話化」、すなわち真理を固定化から取り戻し、そのような歴史的な固定化を、魂の超越的な根拠への飛翔の象徴として理解すること」（CP 36）。

（135）「私が確信するのは、自由という点では私は自己自身によって存在するのではなく、自由という点で私に贈り与えられる、ということである」（Ei 43）。
（136）「実存は恩寵である」（TE 65）。ヤスパース自身は恩寵を経験したことがないと述べているが（vgl. PO 68）、ヤスパースの「贈り与えられたもの」ということに、ブーリは恩寵との類比物を見るわけである。
（137）「一度きり歴史の中で生じたとされるいわゆる救済の事実を引き合いに出すことに反対して、私たちが支持するのは、真実で本当の救済は、そのつど私たちの自己理解において、……自らの本来性へ［私たちが］到達するところで生じるということである」（TP 131）。
（138）「啓示について正しく語られうるのは、啓示が実存との連関において理解されるときのみである」（TE 12）。「実存の神学は、次のような神学からも区別される。それは、超在が実存にとってのみあることを考慮せず、それゆえ神話や形而上学的な思弁を、対象的真理として理解することによって神について言明しうると思っているような神学である」（TE 30）。
（139）McGrath: *Christian Theology. An Introduction*. 3rd ed. Oxford (Blackwell) 2001, p. 370.
（140）ジャン・カルヴァン『キリスト教綱要』改訳版、第一篇・第二篇、渡辺信夫訳、新教出版社、二〇〇七年、五三八頁以下を参照。
（141）McGrath, *Christian Theology*, p. 371.
（142）「ブーリはキリスト論を、特殊で、キリスト教の伝統によって特権を与えられた、人間の自己理解の表現として理解した」（Andreas Urs Sommer: „Einleitung. Albert Schweitzer und Fritz Buri in Freundschaft und Widerstreit“ In: SB 56）。

(143) Karl Barth: *Rudolf Bultmann. Ein Versuch, ihn zu verstehen*. Zürich (Evangelischer Verlag) 1952, S. 13.

(144) Eberhard Busch: *Karl Barths Lebenslauf nach seinen Briefen und autobiographischen Texten*. 3. Aufl. München (Chr. Kaiser) 1978, S. 404.

(145) Hommel, *Chiffre und Dogma*, S. 95.

(146) ここは、ヤスパースが自らの著作において、ブーリに言及している唯一の個所である。

(147) Vgl. Saner: „Einmütigkeit und Differenz“ In: *Bulletin 1 (1998) der Internationalen Fritz-Buri-Gesellschaft für Denken und Glauben im Welthorizont*. Lugern, 1998, S. 28.「私はなるほど、自分がヤスパースを促し、「非神話化の真理と災い」についての彼の有名になった講演をなさしめたと主張してよい」(KJ 63)。

(148)「一年後バーゼルへの招聘を受諾したときヤスパースは、まもなく一度この神学者の勇敢さに驚いたに違いない。この神学者は、ヤスパースがそれまで知らなかった自らの学説である非ケリュグマ化を徹底的に遂行したのである。それゆえヤスパースはこの神学者を、ひょっとするとしばらくは、いわば哲学的信仰の神学的な実現と見なし、またそのことによって、啓示信仰の哲学的信仰への変革が可能だという証明と見なしたかもしれない」(Saner, „Einmütigkeit und Differenz“, S. 24)。

(149) Konrad, *Das Offenbarungsverständnis in der evangelischen Theologie*, S. 162.

(150) Vgl. ibid., S. 276; Sommer, „Einleitung“ In: SB 60; Satoshi Okada: „Philosophie und / oder Theologie der Existenz. Karl Jaspers und Fritz Buri: Stationen einer Begegnung“ In: *Jahrbuch der Öster-*

reichischen Karl-Jaspers-Gesellschaft. 29, Wien (Studien) 2017, S. 170.

（151）「ヤスパースの哲学は、第一に［イエス・キリストにおける神の救済行為についての］メッセージによって驚愕させられることから生じる信仰の自己理解から出発するのでなく、キリスト教信仰の歴史性に根本的に依存しない哲学的な人間の自己理解から出発する。それはしかし、おそらく、哲学と神学が、両者が自らの本質を否定しようとしなければ、つねにそして不可避的に分離してゆき、迷信と不信仰という罪を着せあうに違いない点であろう」（TJH 81）。

（152）ヤスパースは『教義学』を読み、次のように書き送った。「決定的な点は、この巻全体が論じている啓示の問題であり、なかでもとりわけキリストの意義です。ご存知のように私がここで自分に対して言わなければならないのは、私は理解しませんが、だからといってけっして他人に対しては少しも拒絶しなかった何事かについてです。キリストは私にとっては一度も役割を果たさなかったという事実を、私は取りのぞくことができませんし、ただ取りのぞこうとすることさえできません」（一九五六年九月二一日、BJ 57 f.）。

（153）『教義学』を書くにいたった経緯を、ブーリは後年、以下のように述懐している。「カール・バルトと私は――学部の行事や互いの行き来の他に――、定期的に校舎の講師室で会い、私たちはそのつど週日の一日に、直接互いのものを読み合い、私はときおり、学生たちの座興として彼の講義に行った。そうした機会に彼は言った。彼の最新刊の教義学への私の書評に感情を害していた。「あなたが教授でありたいと思うなら、いつもたんに他人につまらぬ文句をつけるのではなく、いちど、積極的、包括的に、あなた自身が言うべきこととして持ってるものを、説明していただきたい」。それが私を打ち、教義学を書こうと私は決心し、教義学講義の受講生に配っていた原稿を手がかりとして全体の計画を構想し、すぐ理性と啓示の問題への序言《プロレゴーメナ》の仕上げにとりかかった。すなわち『キリスト教信仰の自己理解としての教義学』の成立は、カール・バルトによるのである。……理由なくその序文において、以下のように述べたわけではない。〈私が喜びとするのは、教義学を、「非ケリュグマ化」という標語によってではなく、「キリストにおける神の決定的な救済行為についてのメッセージ」という標語によって書いたということである。〉ただし「そのメッセージ」を、バルトの郵便配達人の役割を果たすものとしてではなく、ヤスパースの暗号の機能を有するものとして理解した。しかし、私の業績が承認されたにもかかわらず、どちらからも同意を得られなかった。ヤスパースは、私が彼の暗号概念をキリストに用いたことを拒絶し、バルトは私に、――ただしく覚えていればであるが、第二巻について初めて――、私が「古い自由主義というチョコレートを正統主義の銀紙で包装した」だけだと書いてきた」（MW 68 f.）。

（154）「実存の恩寵的性格の絶対性、実存の形成力、実存の内実という、こうした観点の下でまさに、キリスト論的な表現の可能性が多様であるということが承認されるにもかかわらず、適切さと価値の保持との重要な程度差が生じる」（TE 89）。

（155）「ヤスパースにおいてしばしば欠如している具体性」（SJ 17）。「ヤスパースの哲学的信仰の具象性の欠如」（PGOG 218）。

（156）「信仰者が特定の伝統と排他的に結びついているということが、哲学によって「信仰の喪失」と特徴づけられるならば、ブーリは逆に、哲学的信仰の浮遊的状態や、すべてを解消する無限の反省を、信仰の本質に相応しくなく、信仰の歴史性を破壊するものとして拒絶する」（Konrad, *Das Offenbarungsverständnis in der evangelischen Theologie*, S. 217）。

（157） Schüßler: „‚Der Mensch ist unheilbar religiös.' Zu Paul Tillichs dynamischem Glaubensbegriff" In: *Freiburger Zeitschrift für Philosophie und Theologie*. Bd. 40. Freiburg (Paulsverlag) 1993, S. 299.

（158） Tillich: „Prinzipien des Protestantismus" In: Ders.: *Der Protestantismus als Kritik und Gestaltung. Schriften zur Theologie I. Gesammelte Werke*. Bd. VII. Renate Albrecht (Hg.), Stuttgart (Evangelischer Verlag) 1970, S. 133.

（159） Ibid.

（160） Tillich: „Ende der protestantischen Ära? I" In: Ders.: *Der Protestantismus als Kritik und Gestaltung. Schriften zur Theologie I. Gesammelte Werke*. Bd. VII., S. 167.

（161） Tillich, „Prinzipien des Protestantismus", S. 134.

（162） Tillich, „Prinzipien des Protestantismus", S. 135.

（163） Tillich: „Protestantisches Prinzip und proletarische Situation" In: Ders.: *Der Protestantismus als Kritik und Gestaltung. Schriften zur Theologie I. Gesammelte Werke*. Bd. VII., S. 97.

（164） Tillich, „Prinzipien des Protestantismus", S. 134.

（165） Tillich, „Protestantisches Prinzip und proletarische Situation", S. 97.

（166） Tillich: „Wesen und Wandel des Glaubens" In: Ders.: *Offenbarung und Glaube. Schriften zur Theologie II. Gesammelte Werke*. Bd. VIII., S. 150.

（167） Tillich, „Prinzipien des Protestantismus", S. 137.

（168）Ibid.

（169）Tillich, „Protestantisches Prinzip und proletarische Situation“, S. 98.

（170）Tillich: „Der Protestantismus als kritisches und gestaltendes Prinzip“ In: Ders.: *Der Protestantismus als Kritik und Gestaltung. Schriften zur Theologie I. Gesammelte Werke.* Bd. VII., S. 50.

（171）Tillich, „Der Protestantismus als kritisches und gestaltendes Prinzip“, S. 49 f.

（172）Tillich, „Protestantisches Prinzip und proletarische Situation“, S. 86.

（173）Ibid., S. 87.

（174）Tillich, „Der Protestantismus als kritisches und gestaltendes Prinzip“, S. 49.「横切って quer」は、ヤスパース象徴論のキーワードでもある。「超在の存在が実存に現前するとき、それ自体としてではなく……暗号として、対象としてではなく……いわばすべての対象性を横切って、現前する」（III 137）。

（175）Tillich, „Der Protestantismus als kritisches und gestaltendes Prinzip“, S. 35.

（176）この区別については、Schüßler: *Jenseits von Religion und Nicht-Religion. Der Religionsbegriff im Werke Paul Tillichs.* Frankfurt a.M. (Athenäum) 1989, S. 128 f. を参照。

（177）Tillich, „Protestantisches Prinzip und proletarische Situation“, S. 100.

（178）Tillich, „Die protestantische Ära“, S. 22.

（179）Wolf Hertel: *Existentieller Glaube. Eine Studie über den Glaubensbegriff von Karl Jaspers und Paul Tillich.* Meisenheim am Glan (Anton Hain) 1971, S. 106.

（180）Ibid.

(181) Ibid., S. 120.
(182) Schüßler: *Paul Tillich*. München (C.H. Beck) 1997, S. 64.
(183) Tillich, „Wesen und Wandel des Glaubens", S. 146.
(184) Ibid.
(185) Ibid., S.146.
(186) Ibid., S.142.
(187) Tillich: *Systematic Theology*. Vol. 1. Chicago (The University of Chicago Press) 1951, S. 9.
(188) Tillich, „Wesen und Wandel des Glaubens", S 143.
(189) Ibid.
(190) Ibid., S. 176.
(191) Ibid., S. 177.
(192) Tillich: „Religiöser Symbolismus" In: Ders.: *Die Frage nach dem Unbedingten. Schriften zur Religionsphilosophie. Gesammelte Werke*. Bd. V. Albrecht (Hg.), Stuttgart (Evangelischer Verlag) 1970, S. 243.
(193) Ibid.
(194) Ibid., S. 181 .
(195) Tillich, „Religiöser Symbolismus", S. 196.
(196) Schüßler: „Das Symbol als Sprache der Religion. Paul Tillichs Programm einer ‚Deliteralisierung' religiöser Sprache" In: Ders. (Hg.): *Wie lässt sich über Gott sprechen? Von der negativen Theologie Plotins bis zum religiösen Sprachspiel Wittgensteins*. Darmstadt (Wissenschaftliche Buchgesellschaft) 2008, S. 179.

（シュスラー「宗教の言語としての象徴：パウル・ティリッヒによる宗教的言語の「非字義化」のプログラム」岡田聡訳、シュスラー編『神についていかに語りうるか――プロティノスからウィトゲンシュタインまで』所収、芦名定道監訳、日本キリスト教団出版局、二〇一八年、二四九頁。）

（197）Tillich, „Prinzipien des Protestantismus“, S. 136.

（198）Schüßler: „Der absolute transzendente Gott. Negative Theologie bei Karl Jaspers?“ In: *Jahrbuch der Österreichischen Karl-Jaspers-Gesellschaft.* 5, Innsbruch u.a. (Studien) 1992, S. 38.

（199）Karl Barth: *Die kirchliche Dogmatik. Bd. 3. Die Lehre von der Schöpfung.* 4. Teil. Zürich (Evangelischer Verlag) 1951. S. 549.

（200）Jens Soentgen: „Der vergessene Bruder. Über den Philosophen Heinrich Barth“ In: *Neue Züricher Zeitung.* 27/28, November 1999, S. 84.

（201）Vgl. Heinrich Barth: „Grundzüge einer Philosophie der Existenz in ihrer Beziehung zur Glaubenswahrheit“ In: Ders.: *Existenzphilosophie und neutestamentliche Hermeneutik. Abhandlungen.* Günther Hauff (Hg.), Basel / Stuttgart (Schwabe) 1967, S. 112.

（202）Heinrich Barth: *Descartes' Begründung der Erkenntnis.* Diss., Bern, 1913.

（203）Heinrich Barth: *Die Seele in der Philosophie Platons.* Tübingen (J.C.B. Mohr) 1921.

（204）Heinrich Barth: „Gotteserkenntnis“ In: Jürgen Moltmann (Hg.): *Anfänge der dialektischen Theologie. Teil I. Karl Barth, Heinrich Barth, Emil Brunner.* München (Chr. Kaiser) 1962, S. 221-255.

（205）Ibid. 251.「人間性に隠れているのは、神との本質的類似性の高みへ巨人的にそびえたつことにほかならない」（Heinrich Barth: „Die Krisis der Humanität“ In: Georg Metz / Karl

Barth / Friedrich Gogarten / Eduard Thurneysen (Hgg.): *Zwischen den Zeiten*. Jg. 8, Heft 6, München (Chr. Kaiser) 1930, S. 463)。

(206) カルヴァン『キリスト教綱要』改訳版、第一篇・第二篇、三八頁以下を参照。

(207) Heinrich Barth, „Gotteserkenntnis“, S. 234.

(208) カール・バルト書簡、エドゥアルト・トゥルナイゼン宛、一九一九年四月一三日。Karl Barth: *Gesamtausgabe. V. Briefe. Karl Barth – Eduard Thurneysen. Briefwechsel. Band 1: 1913-1921.* Eduard Thurneysen (Hg.), Zürich (Theologischer Verlag) 1973, S. 325.

(209) 「もし私が「体系」を持っているとすれば、それは私がキルケゴールが時間と永遠との「無限の質的差異」と呼んだものの否定的意味と肯定的意味をあくまで固守したということである」（Karl Barth, *Gesamtausgabe. II. Der Römerbrief (Zweite Fassung) 1922*, S. 16 f.）。

(210) Heinrich Barth: „Philosophie der Existenz“ In: Ders., *Existenzphilosophie und neutestamentliche Hermeneutik*, S. 33-53.

(211) Heinrich Barth: *Grundriß einer Philosophie der Existenz*. Christian Graf / Cornelia Müller / Herald Schwaetzer (Hgg.), Regensburg (S. Roderer) 2007.

(212) Heinrich Barth: *Erkenntnis der Existenz*. Basel (Schwabe) 1965.

(213) Heinrich Barth: „Echter und falscher Existentialismus“ In: Ders., *Existenzphilosophie und neutestamentliche Hermeneutik*, S. 100-110.

(214) Heinrich Barth, „Grundzüge einer Philosophie der Existenz in ihrer Beziehung zur Glaubenswahrheit“, S. 112-124.

(215) Heinrich Barth: „Karl Jaspers über Glaube und Geschichte“ In: Saner (Hg.): *Karl Jaspers in der Diskussion*. Zürich / München (Piper) 1973, S. 274-296.

(216) Karl Jaspers: *Korrespondenzen. Philosophie*. Dominic Kaegi / Reiner Wiehl (Hgg.), Göttingen (Wallstein) 2016.

(217) Karl Barth, *Die kirchliche Dogmatik. Bd. 3. Die Lehre von der Schöpfung*. 4. Teil, S. 549.

(218) 例えばヤスパースは次のように言っている。「自己は知られうる一切を越えたものである」(II 34)。

(219) Heinrich Barth: „Philosophie, Theologie und Existenzproblem“ In: Georg Metz / Karl Barth / Friedrich Gogarten / Eduard Thurneysen (Hgg.): *Zwischen den Zeiten*. Jg. 10, Heft 2, München (Chr. Kaiser) 1932, S. 103.

(220) Ibid.

(221) Vgl. Heinrich Barth, „Philosophie der Existenz“, S. 40.

(222) Ibid., S. 41.

(223) Ibid., S. 40.

(224) Heinrich Barth: „Kierkegaard, der Denker“ In: Georg Metz / Karl Barth / Friedrich Gogarten / Eduard Thurneysen (Hgg.): *Zwischen den Zeiten*, Jg. 4, Heft 3. München (Chr. Kaiser) 1926, S. 199.

(225) Heinrich Barth, „Grundriß einer Philosophie der Existenz“, S. 35.

(226) Ibid., S. 23.

(227) Heinrich Barth, „Philosophie der Existenz“, S. 43.

(228) Ibid., S. 42.

(229) Heinrich Barth, *Erkenntnis der Existenz*, S. 119.

(230) Ibid.

(231) Heinrich Barth, „Philosophie der Existenz“, S. 44.

(232) Vgl. Heinrich Barth, *Erkenntnis der Existenz*, S. 231.

(233) Heinrich Barth, „Philosophie der Existenz“, S. 49.

(234) Heinrich Barth, „Grundriß einer Philosophie der Existenz“, S. 36.

(235) Vgl. Heinrich Barth, „Philosophie der Existenz“, S. 49.

(236) Ibid., S. 48.

(237) 「中世の思考にとってキリスト教的な神概念の中には「超越論的なもの」という意味が——超越論的な根本諸規定（超越カテゴリー）と共に——含まれていた」（Heinrich Barth, „Grundriß einer Philosophie der Existenz“, S. 51）。

(238) Vgl. Heinrich Barth, „Grundriß einer Philosophie der Existenz“, S. 46.

(239) Josef Höfer / Karl Rahner (Hgg.): *Lexikon für Theologie und Kirche*. Bd. 10, Freiburg (Herder), 1965, S. 314 f.

(240) 「超越論的なものという超在」（Heinrich Barth, „Grundriß einer Philosophie der Existenz“, S. 46）。

(241) Heinrich Barth, „Philosophie der Existenz“, S. 52.

(242) Heinrich Barth, „Grundriß einer Philosophie der Existenz“, S. 103.

(243) Ibid., S. 145.

(244) Ibid., S. 103.

(245) Heinrich Barth, *Erkenntnis der Existenz*, S. 503.

(246) Vgl. Heinrich Barth, „Philosophie, Theologie und Existenzproblem“, S. 119.

(247) Vgl. Heinrich Barth, „Grundzüge einer Philosophie der Existenz in ihrer Beziehung zur Glaubenswahrheit“, S. 124.

(248) Heinrich Barth: „Zur Hermeneutik des neuen Testamentes“ In: Ders., *Existenzphilosophie und neutestamentliche Hermeneutik*, S. 254.

(249) Vgl. Christian Graf: *Ursprung und Krisis. Heinrich Barths existential-gnoseologischer Grundansatz in seiner Herausbildlung und im Kontext neuerer Debatten*. Basel (Schwabe) 2008, S. 103; Gerhard Huber: „Heinrich Barths Philosophie“ In: Ders. (Hg.): *Philosophie und Christliche Existenz. Festschrift für Heinrich Barth. Zum 70. Geburtstag am 3. Februar 1960*. Basel / Stuttgart (Helbing & Lichtenhahn) 1960, S. 214.

(250) Heinrich Barth, „Echter und falscher Existentialismus“, S. 109.

(251) Heinrich Barth: „Die Philosophie der Erscheinung und der christliche Glaube“ In: Ders., *Existenzphilosophie und neutestamentliche Hermeneutik*, S. 174.

(252) Heinrich Barth, „Grundzüge einer Philosophie der Existenz in ihrer Beziehung zur Glaubenswahrheit“, S. 122.

(253) Heinrich Barth, „Echter und falscher Existentialismus“, S. 110.

(254) Vgl. Heinrich Barth: „Das »Wort von der Versöhnung«“ In: Ders., *Existenzphilosophie und neutestamentliche*

Hermeneutik, S. 205.

（255） Vgl. ibid., S. 206.

（256） Vgl. ibid.

（257） Heinrich Barth, *Erkenntnis der Existenz*, S. 395.

（258） Vgl. Heinrich Barth, „Das »Wort von der Versöhnung«“, S. 207 f.

（259） Ibid., S. 207.

（260） Vgl. Heinrich Barth, „Die Philosophie der Erscheinung und der christliche Glaube“, S. 170 f.

（261） Ibid., S. 170 ff.

（262） Vgl. Heinrich Barth: „Sühne und Versöhnung“ In: Ders., *Existenzphilosophie und neutestamentliche Hermeneutik*, S. 197 f. なおカール・バルトは、和解論において、「katallasein の根本意味」は「Tausch（交換）」だと言う。そして、コリントの信徒への手紙二、五章二一節「Er hat den, der die Sünde nicht kannte, für uns zur Sünde gemacht」の「für uns（私たちのために）」を、「an unserer Stelle, zu unseren Gunsten（私たちに代わって）」と訳している（vgl. Karl Barth: *Die kirchliche Dogmatik. Bd. 4. Die Lehre von der Versöhnung*. 1. Teil. Zürich (Theologischer Verlag) 1953, S. 78 f.）。ハインリヒ・バルトもそれを意識し、一九五四年の論文「贖罪と和解」のある註で、次のように書いている。「最近公刊されたカール・バルト『教会教義学』第四巻『和解論』第一部を参照。この問題系全体についての、ここでなされ、なおなされることが予想される解釈は、来るべき対決の焦点となるはずである」（Heinrich Barth, „Sühne und Versöhnung“, S. 201）。

（263） Ibid., S. 198.

(264) Ibid., S. 199.
(265) Ibid.
(266) Ibid.
(267) Heinrich Barth, „Zur Hermeneutik des neuen Testamentes", S. 315.
(268) Heinrich Barth, „Echter und falscher Existentialismus", S. 109 f.
(269) Vgl. Heinrich Barth, „Philosophie der Existenz", S. 38.
(270) Ibid., S. 40.
(271) Ibid.
(272) Heinrich Barth, „Karl Jaspers über Glaube und Geschichte", S. 275.
(273) Ibid.
(274) Heinrich Barth, „Philosophie der Existenz", S. 42.
(275) Heinrich Barth, *Erkenntnis der Existenz*, S. 136.
(276) Brief von Karl Jaspers an Heinrich Barth vom 23. März 1951. In: Jaspers, *Korrespondenzen*, S. 40.
(277) Brief von Karl Jaspers an Heinrich Barth vom 2. April 1951. In: Ibid., S. 44.
(278) Brief von Karl Jaspers an Hannah Arendt vom 20. Juli 1947. In: AJ 79.
(279) Heinrich Barth, „Karl Jaspers über Glaube und Geschichte", S. 286.
(280) Ibid., S. 287.
(281) Ibid., S. 288.
(282) Ibid., S. 290 f.

（283） Karl Jaspers: „Der philosophische Glaube angesichts der christlichen Offenbarung“ In: Huber (Hg.), *Philosophie und Christliche Existenz. Festschrift für Heinrich Barth*, S. 1-92.

（284） Brief von Heinrich Barth an Karl Jaspers vom 14. März 1960. In: Jaspers, *Korrespondenzen*, S. 61. 強調は原著者による。

（285） Ibid.

（286） Brief von Karl Jaspers an Heirich Barth vom 15. März 1960. In: Ibid., S. 62.

（287） カトリックの神学者シュスラーは次のように述べている。「［ヤスパースの啓示理解は］歪んだ啓示理解である。というのも啓示は、一義的に命題において表現されうるかつて出来した歴史的な出来事ではなく、常に神と人間の間での現下の出来事であり、つまり二人の人格の間での出会いだからである。そして人格的な出会いは、自由を排除せずに包含する」（Schüßler, *Jaspers zur Einführung*, S. 42 f.（シュスラー『ヤスパース入門』、五八頁））。

（288） Heinrich Barth, „Das »Wort von der Versöhnung«“, S. 210.

（289） Karl Barth: „Philosophie und Theologie“ In: Huber (Hg.), *Philosophie und Christliche Existenz*, S. 98.

（290） 同じくカトリックの哲学者であるマルセルとの間での書簡が公刊されている（GW IX 333-353）。またマルセルによるヴースト論として以下がある。ガブリエル・マルセル「ペーター・ヴーストの敬虔論」三嶋唯義訳、『存在と所有・現存と不滅』（マルセル著作集第二巻）所収、春秋社、一九七一年、二三六―二六四頁。

（291） Vgl. Marc Löbel: „Peter Wust christlicher Existenzdenker“ In: Ekkehard Blattmann (Hg.): *Peter Wust. Aspekte seines Denkens. F. Werner Veauthier zum Gedächtnis*. Münster (Lit) 2004, S. 63-85.

(292) ヴーストはトレルチに次のように言われたという。「あなたはまだ若い。私たちの民族の力の再興のために何かをなそうと思うならば、父祖の古来の信仰に立ち返り、哲学において、……実りなき認識論の一切の疲弊した懐疑に抗して、形而上学の復興に身を投じなさい」（GW V 253）。

(293) 「私は、キルケゴール以来、哲学の本質における実存的な要素と呼び習わされてきたものへと深く入り込むことができました。しかし、この点に関するハイデガー的な分析によっては、多くを始めることができないということも分かったのです。むしろ、カール・ヤスパースによる、特にその著作『理性と実存』における分析によって、多くを始めることができるのです」（Karl Pfleger: *Dialog mit Peter Wust. Briefe und Aufsätze*. Heidelberg (Kerle) 1949, S. 226. Brief vom 10. 10. 1937）。

(294) Alexander Lohner: *Peter Wust: Ungewißheit und Wagnis. Eine Gesamtdarstellung seiner Philosophie*. 2. Aufl., Paderborn u.a. (Ferdinand Schöningh) 1995, S. 360.

(295) 例えばラッツィンガー（のちのベネディクト一六世）は、その自伝において、フライジングの神学校時代について、以下のように回想している。「神学と哲学の領域においては、ロマーノ・グアルディーニとヨーゼフ・ピーパー、テオドール・ヘッカー、ペーター・ヴーストの著作が、私たちの心を最も直接に動かしました」（Joseph Ratzinger: *Aus meinem Leben (1927-1977)*. Stuttgart (Deutsche Verlags-Anstalt) 1998, S. 48）。

(296) 先行研究としては、Helmut Lutzenberger: *Das Glaubensproblem in der Religionsphilosophie der Gegenwart in der Sicht von Karl Jaspers und Peter Wust*. Diss. München, 1962 がある。ただしルッ

ツェンベルガーは、ヴーストに対するヤスパースによる影響には言及していない。

(297) キリスト教の信仰から離れていたとき、ヴースト自身が父親から「放蕩息子」と見なされていたという(vgl. GW V 242)。

(298) ヴースト自身は「実存カテゴリー Existential」という語を用いていないが、そう呼ぶことができるだろう。Vgl. Othmar Höffing: *Insecuritas als Existential. Eine Untersuchung zur philosophischen Anthologie Peter Wusts*. Diss. München, 1963, S. 19 ff.

(299) 認識の不確かさに対する反抗と帰依についてはMP 75 ff.、救済の不確かさに対する反抗と帰依についてはUW 126 ff. を参照。

(300) ヴーストに対するシェーラーによる影響については、Schüßler: „*Geborgenheit in der Ungeborgenheit.*“ *Einführung in Leben und Werk des Philosophen Peter Wust (1884-1940)*. Münster (Lit) 2008, S. 18 ff. を参照。

(301) Vgl. Wilhelm Weischedel: „Von der Gelassenheit“ In: Ders.: *Philosophische Grenzgänge. Vorträge und Essays*. Stuttgart (W. Kohlhammer) 1967, S. 111-115, bes. S. 114 f.

(302) 最近では *Der Spiegel Wissen* (Ausgabe 4/2015) において、„Gelassenheit. Die Kunst der Seelenruhe“という特集が組まれている。

(303) プフレガー宛の最晩年の書簡においても、同様のことを書いている。「私は[上顎癌で]苦しんだこの一〇週間に、世界のあらゆる哲学からよりも多くを学びました。私は今、キリスト教的なゲラッセンハイトの核心を含む聖フランシスコ・サレジオの表現が意味することを知っています。それは、何かを望みもせず、何かを退けもしない、ということです」

(Pfleger, *Dialog mit Peter Wust*, S. 285. Brief vom 12. 03. 1939)。

(304) Insecuritas の客観的な面が Ungesicherheit、主観的な面が Ungewißheit と呼ばれる。「「人間の不確かさ Insecuritas humana」は二つの面、すなわち客観的な面と主観的な面から観察されうる。客観的に観察されると、人間は不確実さ Ungesicherheit を持った存在である。主観的な面でそれに対応するのは、人間の現存の最も決定的な問いにおける……疑心 Ungewißheit である」(UW 40)。

(305) A: Jaspers, 75. 15327, 1.

(306) 「カール・ヤスパース『現代の精神的状況』」(KARL JASPERS: »DIE GEISTIGE SITUATION DER ZEIT«)。

(307) Geborgenheit という語によって、ボルノウ(一九〇三―一九九一)の一九五五年の著作 *Neue Geborgenheit. Das Problem einer Überwindung des Existentialismus* が思い出されるかもしれない。ボルノウは、この著作や一九六〇年の著作 *Wesen und Wandel der Tugenden* において、Geborgenheit と Gelassenheit の関係についても言及している。余談ながら、この註において、ボルノウにおける両者の関係について触れたい。ボルノウによると放念 Gelassenheit とは、物事を成り行きに任せることだ die Dinge auf sich zukommen lassen という(WWT 119)。そして人間が放念していられるのは、安心していられる getrost からであり、人間が安心していられるのは、護られている geborgen からだという(vgl. NG 52 ff.)。では一体、「何によって」護られているのか。ボルノウはこの問いにおいて、「哲学と神学との危険な境界領域」(BG 33)へといたるという。というのも彼は、一方では「護るもの」(NG 58)や「恩寵」(NG 59)という語を用いつつも、他方では「人間を担う特定の担い手へと遡っ」（BG 34）たり、「こうした恩寵のありうる創始者を設定し」（NG 59）たりしないからである。ボルノウは「存在信仰」（NG 61）と言う。「この信仰自体は、特別に宗教的な形式、とりわけ特別にキリスト教的な形式をとる必要はなく、それ以前に、信仰の自然的な形式がある」（ibid.）。「何によって」護られているのかという問いへの具体的な答えは、「宗教のみが与えうる」（BG 34）のであり、ボルノウ自身はあくまで「純粋に哲学的・人間学的な考察」（NG 59）――「現象学的態度」とも言えよう（vgl. BG 43 ff. u. WWT 16 ff.）――に留まるのである。この点でボルノウは、ヴーストよりもヤスパースに近い立場にある。ただしヤスパースは、たとえ類比的にだとしても、「恩寵」といった言葉は避けるので、ボルノウとヤスパースの差異を無視することもできない。

(308) 「この書［『疑心と敢行』］はこの時代のドイツの精神的状況における人間存在の深い危機感を反映している」（本間英世「ペーター・ヴスト《（ママ）》の哲学的人間論についての一考察」、『ドイツ語圏研究』第九号所収、上智大学、一九九二年、四二頁）。

(309) 山谷省吾／高柳伊三郎／小川治郎編集『増訂新版新約聖書略解』日本基督教団出版局、一九八九年、三九九頁を参照。

(310) ガリレオ・ガリレイ「偽金鑑識官」山田慶児／谷泰訳、豊田利幸責任編集『ガリレオ』（世界の名著二六）所収、一九七九年、三〇八頁。

(311) ジャン・カルヴァン『キリスト教綱要』改訳版、第一篇・第二篇、四六頁以下。「カルヴァンが特殊啓示によらない自然的神認識を考えていたのかいなかったのかについて、一九三〇年代から論争があったことは今では忘れられているかもしれません。だが、神学の歴史ではなかなか大きい出来事でありました。K・バルトとE・ブルンナーとの間で争われたのですが、両者ともカルヴァンに訴えて自説を主張しました……。カルヴァンはたしかに自然的神認識があると論じているのですから、それを否定した側に行き過ぎがあったと見られるのももっともであります」（渡辺信夫『カルヴァンの『キリスト教綱要』を読む』新教出版社、二〇〇七年、一二六頁以下）。

（312）Emil Brunner: „Die andere Aufgabe der Theologie“ In: Georg Metz / Karl Barth / Friedrich Gogarten / Eduard Thurneysen (Hgg.): *Zwischen den Zeiten.* Jg. 7, Heft 3, München (Chr. Kaiser) 1929, S. 255.

（313）Brunner: *Natur und Gnade. Zum Gespräch mit Karl Barth.* Tübingen (J.C.B. Mohr) 1934, S. 19.

（314）Brunner: „Die Frage nach dem ‚Anknüpfungspunkt‘ als Problem der Theologie“ In: Georg Metz / Karl Barth / Friedrich Gogarten / Eduard Thurneysen (Hgg.): *Zwischen den Zeiten.* Jg. 10, Heft 6, München (Chr. Kaiser) 1932, S. 518.

（315）Brunner, *Natur und Gnade*, S. 17.

（316）Ibid.

（317）Brunner, „Die Frage nach dem ‚Anknüpfungspunkt‘ als Problem der Theologie“, S. 518.

（318）Vgl. Brunner, *Natur und Gnade*, S. 19.

（319）Brunner: *Wahrheit als Begegnung.* 2. Aufl. Zürich (Zwingli-Verlag) 1963, S. 26.

（320）Karl Barth: „Nein! Antwort an Emil Brunner“ In: Karl Barth / Eduard Thurneysen (Hgg.): *Theologische Existenz heute.* Heft 14, München (Chr. Kaiser) 1934, S. 1-64.

（321）Vgl. McGrath, *Christian Theology*, S. 214 ff.

(322) Karl Barth, „Nein!“, S. 62.
(323) Vgl. McGrath, *Christian Theology*, S. 214 ff.
(324) 吉村善夫「恩寵と自然」、山本和／ローガン・ファックス編『摂理と自由――キリスト教歴史論』所収、理想社、一九五四年、一一〇頁。
(325) Karl Barth, *Die kirchliche Dogmatik. Bd. 3. Die Lehre von der Schöpfung*. 4. Teil, S. 549.
(326) Karl Barth: *Die kirchliche Dogmatik. Bd. 3. Die Lehre von der Schöpfung*. 2. Teil, S. 106.
(327) Ibid., 129.
(328) Ibid.
(329) Ibid., 128.
(330) Ibid., 129.
(331) Ibid., 83.
(332) Ibid.
(333) Ibid., 129.
(334) Ibid., 130.
(335) Ibid., 131.
(336) Ibid., 132.
(337) Ibid., 133.
(338) Ibid.

(339) Ibid., 133 f.
(340) Vgl. ibid., 134 f.
(341) Ibid., 134.
(342) 松田央『キリスト論——救済論の視点から』(キリスト教歴史双書一八)、南窓社、二〇〇〇年、三七頁を参照。
(343) 同上、八四頁。

あとがき

以上のように本書は、従来の研究においてヤスパースとキリスト教の関係について、前者の後者に対する否定的、批判的な態度のみが取り上げられてきたという状況に鑑み、①ヤスパース哲学の生成と展開がキリスト教に受けた影響と、②ヤスパース哲学がキリスト教に与えた影響について考察し、ヤスパースとキリスト教の相互的な影響関係を明らかにした。その際ヤスパースを「二〇世紀ドイツ語圏のプロテスタント思想史」に位置づけながら、ヤスパース〈と〉プロテスタンティズムないしはヤスパース〈の〉プロテスタンティズムに注目し、主に二〇世紀ドイツ語圏のプロテスタントの思想家との「近さ」と、その近さの中の「遠さ」を浮かび上がらせた。

とはいえ、「明らかにした」、「浮かび上がらせた」と書いたものの、それがどこまでできたか、はなはだ心もとない。それは本書の成立事情にもよっている。著者は、二〇〇八年、博士後期課程に入学して以来、ドイツ、トリーア大学神学部への留学（二〇一二―二〇一四年）や、日本学術振興会特別研究員PDとしての、京都大学キリスト教学研究室への所属（二〇一五―二〇一八年）などのなかで、勉強、研究を続けてきた。その一〇年のあいだに書き継いできたものが、本書のもとになっている。

キリスト教研究はいわずもがな、ヤスパース研究の蓄積も大きい。しかしながら、ヤスパース研究者にとってキリスト教は、そして、キリスト教研究者にとってヤスパースは、十分に理解されているとは言えないのではないか。本小著はその両者をつなぐ、少なくとも踏み石になりうるはずである。また、これまで日本ではほとんど知られていなかった、ブーリやハインリヒ・バルト、ヴーストの思想を――ヤスパースとの関連ではあるものの――取り上げたことも、この著の存在意義であろう。

＊

本書は右記したように、主に二〇世紀ドイツ語圏のプロテスタントの思想家、特にカール・バルトとの「近さ」を浮かび上がらせることから始めたが、ここまで読まれた読者にはお分かりのように、ヤスパースのキリスト教批判の根底には、常にカール・バルトとの「遠さ」があった。観点を変えて言えば、ヤスパースのキリスト教理解と批判も、カール・バルトの新正統主義の枠の中にあった。

第二ヴァチカン公会議（一九六二―一九六五年）やカール・バルトの死（一九六八年）ののち、

キリスト教の自己理解に変化があったことはよく知られている（栗林輝夫『現代神学の最前線《フロント》――「バルト以後」の半世紀を読む』新教出版社、二〇〇四年を参照）。カール・バルトの「上からのキリスト論」に対するヴォルフハルト・パネンベルクの「下からのキリスト論」（『歴史としての啓示』一九六一年）、解放の神学やフェミニスト神学（E・S・フィオレンツァ『彼女を記念して』一九八三年）、いわゆる史的イエスに関する第三の探求（J・D・クロッサン『イエス』一九九四年）などである。特に、一九九六年の『神学と哲学』の献辞の中で、ハルトマン、レーヴィットと共にヤスパースを「私の哲学の師」として挙げるパネンベルクの神学との取り組みを、著者は今後の課題の一つとしたい（vgl. Wolfhart Pannenberg: *Theologie und Philosophie. Ihr Verhältnis im Licht ihrer gemeinsamen Geschichte.* Göttingen (Vandenhoeck & Ruprecht) 1996.「キリスト教神学は、ヤスパースのような批判者によって、キリスト教のメッセージの、不寛容による歪曲を、はっきり認識し、啓示の真理と、それについての神学的な知識の暫定性の区別によって、その危険に対するべきである」(ibid., S. 335))。

*

こんにちにいたるまで、多くの方々にご指導いただきました。院生時代の指導教授、佐藤真理人先生、修士論文と博士論文の副査をしてくださった田島照久先生、月例読書会では温かくも厳しく鍛えてくださった中山剛史先生と高橋章仁博士、マンツーマンでの原典講読を数年に渡ってしてくださった大沢啓徳（ヤスパース『実存照明』）、菊地智（エックハルト『教導講話』）の両博士、キリスト教についての不躾な質問にいつも笑顔で答えてくださる阿部善彦博士、本書の執筆中、折に触れアドヴァイスをくださった蒲谷美里、大谷崇の両君、右記のドイツ留学中に師事し、その後も折に触れて気にかけてくださるヴェルナー・シュスラー先生（Prof. Werner Schüßler）、右記のようにＰＤとして受け入れてくださり、本書の刊行にもお力添えくださった芦名定道先生、新教出版社・小林望代表取締役社長に感謝申し上げます。また、個々のお名前を挙げることはできませんが、数多くの先輩や後輩にお世話になりました（構っていただいたと言うべきかもしれません）。お礼申し上げる次第です。

二〇一九年二月

岡田　聡

付記　本書はＪＳＰＳ科研費 15J04018 の助成を受けた研究を含む。

人名索引

著者　岡田　聡（おかだ・さとし）

1981年生。2014年、早稲田大学大学院文学研究科人文科学専攻哲学コース博士後期課程単位取得退学。博士（文学）。早稲田大学助手（2010－2012年）、トリーア大学神学部留学（2012－2014年）、日本学術振興会特別研究員ＰＤ（京都大学キリスト教学研究室、2015－2018年）を経て、現在は、立教大学兼任講師、国士舘大学、玉川大学、大東文化大学非常勤講師。日本ヤスパース協会理事、実存思想協会幹事。バッハとブラームスをこよなく愛聴する。

論文：„Philosophie und / oder Theologie der Existenz. Karl Jaspers und Fritz Buri: Stationen einer Begegnung " In: *Jahrbuch der Österreichischen Karl-Jaspers-Gesellschaft.* 29, Wien (Studien) 2016, S. 161-179ほか。

翻訳：ヴェルナー・シュスラー『ヤスパース入門』月曜社、2015年ほか。

ヤスパースとキリスト教

二〇世紀ドイツ語圏のプロテスタント思想史において

2019年4月1日　第1版第1刷発行

著　者……岡田　聡

発行者……小林　望

発行所……株式会社新教出版社

〒162-0814東京都新宿区新小川町9-1

電話（代表）03 (3260) 6148

振替 00180-1-9991

印刷・製本……モリモト印刷株式会社

ISBN 978-4-400-31088-4　C1016